清華大學藏戰國竹簡【拾—拾貳】文字編

黃德寬 主編
賈連翔 沈建華 編

中西書局

國家社科基金重大項目「以定縣簡爲代表的極端性狀竹書的整理及其方法研究」（21&ZD306）階段性成果

「簡牘高質量整理出版工程」項目
「古文字與中華文明傳承發展工程」規劃項目（G1803）
國家古籍整理出版專項經費資助項目

前言

簡牘高質量整理出版工程，是全國古籍整理出版規劃領導小組主持，中國學術界、文化界、出版界共同推進實施的一項重大文化工程，旨在高水平集成刊布、高質量系統整理簡牘文獻。《清華大學藏戰國竹簡（拾—拾貳）文字編》爲工程的重點項目。

《清華大學藏戰國竹簡文字編》是配合清華簡整理報告（《清華大學藏戰國竹簡》）出版的一套系列文字編。按照目前對清華簡篇章數量的估算，整理報告預計將有十六輯，與之相應，《文字編》預計共五冊，前四冊以每三輯内容爲一冊，第五冊計劃收録餘下四輯。

本冊《文字編》是在《清華大學藏戰國竹簡》第拾、拾壹、拾貳輯《字形表》内容的基礎上，經過重新編輯修訂合成。此項工作的目的之一，是對原《字形表》進行增益。我們延續了前幾冊的體例，對異體字加注「重見」，對訛字增設標注等，以方便不同需求的讀者對清華簡字形和釋文的使用。另一目的是對原《字形表》進行檢討和修訂，擇善吸納最新成果，對相關文字的釋讀、隸定和歸部進行調整。比如，《行稱》簡5之「」，整理報告誤釋爲「締」，讀爲「褅」。單育辰先生指出該字右從「朿」，應釋爲「綀」，讀爲「績」。又如，《五紀》簡118、119之「」（凡四見），整理報告隸作「現」，誤分析爲從玉、見聲，讀爲「管」。鄔可晶先生指出此字應從「玉」聲，上部爲「貝（視）」或「罒」，文中讀爲「曲」，今將此字改隸作「蜀」。再如，《五紀》簡70之「」，曾見於上博簡《柬大王泊旱》簡11、12，可隸作「罜」，舊有釋爲「刑」之異體和「罰」之異體兩説，

整理報告從釋「刑」說。石小力先生根據《參不韋》之「」與「刑」並出的文例，指出「」「」皆應爲「罰」之異體。這樣正確的改釋意見還有不少，此不贅舉。由此也同時涉及對釋文的校訂，我們在最後所附各篇釋文中也做了相應修改，謹供讀者參考。

與前面已出版的三冊《文字編》相同，本冊内容得到清華簡整理小組、出土文獻研究與保護中心各位先生和學友們的大力支持和熱情幫助，是集體智慧的體現，非編撰者一己之功，參與内容討論的各位先生，在整理報告每輯説明中均有指出。

本冊《文字編》的編撰、出版得到了國家社科基金重大項目「以定縣簡爲代表的極端性狀竹書的整理及其方法研究」（21&ZD306）和「古文字與中華文明傳承發展工程」規劃項目的支持，中西書局爲本冊的出版申請到了「二〇二三年度國家古籍整理出版專項經費」的資助，實爲幸運。責任編輯田穎女士爲本冊内容逐字查漏補缺，在編輯出版上付出了很大努力，謹致謝忱。

由於編者學識所限，本《文字編》一定還有種種謬誤和疏漏，敬請讀者批評指正。

賈連翔　二〇二四年十一月廿九日

凡例

一、本文字編以業已公布的《清華大學藏戰國竹簡》第拾、拾壹、拾貳輯《字形表》爲資料來源，經過重新整理修訂編輯合成。内容包括：（一）全部字形（含合文、簡序數字、殘字及不識字）；（二）拼音檢索；（三）筆畫檢索；（四）《清華大學藏戰國竹簡》第拾、拾壹、拾貳輯釋文。

二、本文字編字頭基本按《説文》大徐本部首爲序，爲便於檢索，用數字表示卷部序號，如「配」字上的「1448」，卽表示第十四卷中第48個部首酉部。凡不見於《説文》的字頭，概附在所從部首之後。

三、每一字頭上端方括號内字爲《説文》隸定字，次下爲清華簡古文隸定字，以下爲從竹簡圖版中提取的字形，字形下注明所出篇名省稱和簡號。凡重文字形，在篇名和簡號旁加注「（重）」，訛書字形，其旁加注「（訛）」。凡屬該字異體則分行另起排列。

四、本文字編設有異體字重見，對於通用和假借字則一概不收。如《參不韋》簡90、99之「䀛」字，卽「味」字異體，故列入口部，又重見於旨部。凡異體字下都加注重見卷部序號。

五、所附拼音檢索，按釋文讀音爲準編製，僅供參考。同字異讀者檢索重見。

六、所附筆畫檢索，參考《漢語大字典》的筆畫計算。

七、所附《清華大學藏戰國竹簡》第拾、拾壹、拾貳輯釋文，以原整理者的工作爲基礎，擇善吸納最新的研究成果。

目録

101				101		101	
一				元		天	
 四告16	 司歲01	 五紀009	 參不韋021	 四告01	 五紀040	 四告01	 四告07
 四時02	 五紀004	 五紀017		 四告09	 五紀068	 四告02	 四告07
 四時11	 五紀004	 五紀073		 五紀016		 四告02	 四告08
 四時22	 五紀004	 五紀073		 五紀039		 四告02	 四告10
 四時30	 五紀005	 五紀074		 五紀040		 四告04	 四告11
 四時36	 五紀005	 五紀074		 五紀040		 四告05	 四告11

101

天

四告11
四告12
四告17
四告19
四告20
四告22
四告26
四告27
四告35
四告45
四時03
四時08
四時12
四時13
四時14
四時18
四時26
四時33
四時38
四時41
四時42
五紀001
五紀002
五紀003
五紀004
五紀004
五紀005
五紀005
五紀006
五紀006
五紀009
五紀010
五紀011
五紀012
五紀013
五紀021
五紀022
五紀022
五紀026
五紀026
五紀027
五紀028
五紀028
五紀030
五紀031
五紀037
五紀037
五紀038

五紀 038	五紀 038	五紀 039	五紀 041	五紀 041	五紀 042
五紀 042	五紀 045	五紀 046	五紀 046	五紀 047	五紀 047
五紀 048	五紀 050	五紀 051	五紀 051	五紀 052	五紀 058
五紀 061	五紀 063	五紀 064	五紀 065	五紀 065	五紀 066
五紀 067	五紀 068	五紀 069	五紀 069	五紀 071	五紀 073
五紀 078	五紀 079	五紀 087	五紀 091	五紀 092	五紀 095
五紀 096	五紀 096	五紀 096	五紀 097	五紀 097	五紀 098
五紀 104	五紀 106	五紀 111	五紀 112	五紀 120	五紀 120

101							
天							
五紀 121	參不韋 003	參不韋 023	參不韋 038	參不韋 049	參不韋 054	參不韋 060	參不韋 081
五紀 122	參不韋 004	參不韋 024	參不韋 040	參不韋 049	參不韋 055	參不韋 061	參不韋 082
五紀 125	參不韋 006	參不韋 029	參不韋 042	參不韋 050	參不韋 055	參不韋 061	參不韋 086
五紀 127	參不韋 019	參不韋 032	參不韋 044	參不韋 050	參不韋 057	參不韋 063	參不韋 089
五紀 127	參不韋 020	參不韋 033	參不韋 046	參不韋 053	參不韋 058	參不韋 079	參不韋 092
五紀 128	參不韋 020	參不韋 036	參不韋 047	參不韋 053	參不韋 060	參不韋 081	參不韋 093

			102				
			上				
五紀 038	司歲 11	司歲 05	四時 18	參不韋 123	參不韋 115	參不韋 108	參不韋 093
五紀 038	司歲 12	司歲 06	司歲 01	參不韋 124	參不韋 120	參不韋 112	參不韋 093
五紀 039	五紀 001	司歲 07	司歲 02		參不韋 120	參不韋 112	參不韋 094
五紀 039	五紀 036	司歲 08	司歲 03		參不韋 123	參不韋 113	參不韋 098
五紀 061	五紀 037	司歲 09	司歲 04		參不韋 123	參不韋 114	參不韋 098
五紀 069	五紀 037	司歲 10	司歲 04		參不韋 123	參不韋 114	參不韋 101

102				102			
上				帝			
五紀 070	參不韋 043	參不韋 085	參不韋 109	四告 16	五紀 068	五紀 098	五紀 104
五紀 092	參不韋 047	參不韋 093		四告 38	五紀 069	五紀 100	五紀 107
五紀 102	參不韋 051（重）	參不韋 096		四時 13	五紀 070	五紀 101	五紀 108
五紀 106	參不韋 068	參不韋 101		四時 30	五紀 070	五紀 102	五紀 109
五紀 130	參不韋 069	參不韋 103		五紀 001	五紀 071	五紀 103	五紀 109
參不韋 017	參不韋 069	參不韋 105		五紀 002	五紀 097	五紀 104	五紀 109

		102	102				
		旁	下				
參不韋002	參不韋034	參不韋091	四告02	司歲01	司歲06	司歲12	五紀010
參不韋002	參不韋035		四告07	司歲02	司歲07	五紀004	五紀012
參不韋003	參不韋043		四告14	司歲03	司歲08	五紀005	五紀013
參不韋004	參不韋105		四時02	司歲04	司歲09	五紀005	五紀028
參不韋004	參不韋121		四時18	司歲05	司歲10	五紀006	五紀030
參不韋004			四時18	司歲06	司歲11	五紀006	五紀042

	103						102
	示						下
五紀 092	五紀 002	參不韋 088	參不韋 037	五紀 102	五紀 067	五紀 051	五紀 045
五紀 095	五紀 007	參不韋 092	參不韋 051	五紀 112	五紀 068	五紀 061	五紀 046
五紀 098	五紀 027	參不韋 097	參不韋 051	五紀 121	五紀 091	五紀 063	五紀 047
五紀 103	五紀 028	參不韋 102	參不韋 069	五紀 122	五紀 092	五紀 064	五紀 048
	五紀 037	參不韋 103	參不韋 069	五紀 127	五紀 095	五紀 065	五紀 050
	五紀 086		參不韋 085	參不韋 017	五紀 098	五紀 066	五紀 051

103	103	103	103				
		［祇］					
祜	福	⿱巛冊	神				
四告 24	四告 14	五紀 068	四告 17	五紀 026	五紀 036	五紀 048	五紀 055
四告 37（訛）	五紀 096	參不韋 019（重）	四告 19	五紀 027	五紀 037	五紀 049	五紀 055
四告 50	四告 24	參不韋 101（重）	四告 20	五紀 027	五紀 043	五紀 050	五紀 083
	四告 37		五紀 002	五紀 028	五紀 044	五紀 052	五紀 086
	四告 46		五紀 007	五紀 028	五紀 047	五紀 052	五紀 091
	四告 50		五紀 019	五紀 030	五紀 047	五紀 053	五紀 095

103		103	103	103			103
祖		祀	祭	齋			神
 五紀 093	 五紀 053	 四告 49	 五紀 050	 五紀 053	 參不韋 044	 五紀 120	 五紀 096
	 五紀 091	 行稱 02	 五紀 053		 參不韋 106	 五紀 127	 五紀 096
	 五紀 116	 行稱 05	 五紀 060		 參不韋 116	 五紀 128	 五紀 097
	 參不韋 013	 五紀 017	 參不韋 013		 參不韋 121	 參不韋 003	 五紀 101
	 參不韋 092	 五紀 032			 四告 28	 四告 30	 五紀 103
	 五紀 109（訛）	 五紀 050				 參不韋 033	 五紀 116

103		103	103	103		103	103
				［禦］			
崇		禍	社	⿰礻⿰午卩		祝	祏
 五紀 091	禂	 參不韋 106	 參不韋 096	 四告 10	 五紀 109	 五紀 050	 五紀 035
 五紀 092	 五紀 096				 五紀 115	 五紀 052	
 五紀 093					 參不韋 012	 五紀 053	
 五紀 093					 參不韋 012	 五紀 055	
 五紀 093					 參不韋 015	 五紀 059	
 五紀 094						 五紀 059	

103	103	103	103	103	103	103	103
⿱山示	⿰礻几	⿰礻畜	⿰礻工	祡	⿰礻畏	⿰礻肖	⿱罒示
 五紀095	 四告20	 四告38	 行稱05  行稱06	 五紀087  五紀091	 五紀008  五紀023  五紀035  五紀081	 五紀096	 參不韋123  參不韋123

103	104
䰟	三
四告30 重見923	四告07
	四告11
	四告28
	四時04
	四時13
	四時14
	四時15
	四時24
	四時32
	四時38
	四時38
	四時38
	四時39
	四時39
	四時39
	四時40
	四時40
	四時40
	四時40
	四時41
	四時41
	四時41
	四時41
	四時42
	四時42
	四時43
	司歲01
	司歲13
	行稱10
	五紀004
	五紀004
	五紀005
	五紀005
	五紀009
	五紀017
	五紀031
	五紀032
	五紀070
	五紀118
	五紀118
	五紀122
	參不韋021

104 三

參不韋123

105 王

四告02 四告03 四告05 四告06 四告07 四告08

四告09 四告12 四告13 四告17 四告17 四告32

四告33 四告33 五紀098 五紀112 參不韋048 參不韋084

參不韋103 參不韋104 參不韋105 參不韋110

105 皇

四告17 四告17 四告19 四告22 五紀055 參不韋018

參不韋090 四告27 五紀031 五紀037 五紀115 五紀116

參不韋093（重） 參不韋100 五紀042 五紀042（重） 五紀045 五紀056

106	106	106	106	106	105		
璋	琥	璜	璧	玉	全		
 五紀115	 五紀115	 五紀115	 五紀087	 四告23	 五紀049	 五紀070	 五紀057
 五紀126				 四告38	 五紀061	 五紀086	 五紀058
 參不韋020				 四告47			 五紀065
 參不韋090				 五紀034			 五紀068
				 五紀048			 五紀069
				 五紀115			 五紀070

109	109	107	106	106	106	106	106
壯	士	班	珪	蜀	琨	珞	珠
 五紀100  五紀116  五紀118	 四告03  四告09	 參不韋018	 四告18 重見1314	 五紀118  五紀118  五紀119  五紀119	 五紀115	 五紀115	 五紀033

110 丨

- 五紀105
- 五紀105
- 參不韋021

110 中

- 四告13
- 五紀001
- 五紀006
- 五紀006
- 五紀007
- 五紀009
- 五紀010
- 五紀011
- 五紀011
- 五紀011
- 五紀012
- 五紀012
- 五紀013
- 五紀013（重）
- 五紀017
- 五紀018
- 五紀019
- 五紀020
- 五紀022
- 五紀022
- 五紀022
- 五紀023
- 五紀025
- 五紀034
- 五紀045
- 五紀046
- 五紀047
- 五紀061
- 五紀063
- 五紀067
- 五紀077
- 五紀081
- 五紀093
- 五紀121
- 五紀123（重）
- 五紀124
- 五紀125
- 五紀130
- 五紀130
- 參不韋003
- 參不韋008
- 參不韋024

111	111						110
每	屯						中
五紀 074	四告 06	參不韋 062	參不韋 030	司歲 11	司歲 04	司歲 10	參不韋 086
	五紀 095	參不韋 063	參不韋 048	四時 05	司歲 05	司歲 12	四時 13
	司歲 13	參不韋 088	參不韋 048	四時 13	司歲 05	參不韋 108	司歲 01
			參不韋 059	四時 23	司歲 06	參不韋 111	司歲 02
			參不韋 059	四時 30	司歲 07	四時 23	司歲 03
			參不韋 061	四時 35	司歲 08	四時 30	司歲 09

111	112	112	112	112	112	112	112
				［薛］			
㞢	芋	苹	落	蒴	茅	英	芒

四告08 重見211	四時08 重見614	參不韋075	參不韋057	五紀096	司歲09	四時08	行稱07

			參不韋063	參不韋050		五紀045	

112	112	112	112			112	112
［藏］	［落］						
蔵	薂	菸	若			芻	折
 参不韋 059  参不韋 075	 五紀 078	 司歲 03	 四告 02  四告 04  四告 19  四告 20  四告 27  四告 33	 四告 35  四告 44  五紀 021	著  司歲 11	 四時 14  四時 15  四時 18	 五紀 048  五紀 077

112	112	112	112	112			
茻	蔥	蒿	菆	萅			
 四時 22	 五紀 087	 參不韋 011	 四時 34	 五紀 029	旾	 四時 41	 五紀 063
 四時 34	 五紀 110	 參不韋 012		 五紀 069	 四時 02 重見 701	 四時 42	 五紀 078
 五紀 032				 參不韋 013	 四時 05	 四時 42	 五紀 088
 五紀 033					 四時 07	 五紀 043	 參不韋 092
 五紀 045					 四時 07	 五紀 049	 參不韋 112
 參不韋 034					 四時 38	 五紀 053	

112	112		112	112	112	112	112
蓸	芺		菍	萻	蒠	莦	茧
 四告32	 四時14  四時22  四時22（重）  四時23  四時30  四時33	 四時35  四時35  四時35  四時36  行稱04  五紀111	 四時03 重見1039	 病方02	 五紀059	 五紀110	 五紀076

112	112	112		114			
芫	蕢	蓍		莫			
 五紀104	 五紀111	 參不韋003  參不韋047	茖  參不韋062	 四告36  五紀094  五紀094  參不韋111			

201			202		202	202	202
少			八		分	尔	曾
行稱06	五紀024	四告34	四時09	五紀088	四告18	四告14	四告16
五紀007	五紀035	司歲14	四時28	五紀102	四時06	四告20	四告18
五紀009	五紀080	參不韋017	五紀027		四時24	四告24	四告19
五紀009	五紀086		五紀027		行稱04	四告24	四告23
五紀022	參不韋051		五紀030			四告36	四告26
五紀022	參不韋097		五紀036			四告37	四告38

202

尚

四告48
四告49
四告49
五紀078
參不韋074
參不韋077

四告20
四告24
四告30
四告32
四告37
四告43

四告48
四時35
五紀002
五紀003
五紀005
五紀007

五紀007
五紀008
五紀008
五紀009
五紀009
五紀016

五紀022
五紀023
五紀023
五紀024
五紀025
五紀026

五紀031
五紀032
五紀033
五紀035
五紀035
五紀039

五紀042
五紀069
五紀071
五紀083
五紀086
五紀086

五紀087
五紀092
五紀095
五紀100
五紀101
五紀107

202		202	202		202	202	
尚		家	公		必	余	
 五紀 108	 參不韋 050	 五紀 126	 四告 42	 四告 47	 四時 03	 四告 01	 四告 20
 五紀 119	 參不韋 053		 四告 43	 四告 49	 四時 37	 四告 06	 四告 21
 五紀 119	 參不韋 054		 四告 44	 五紀 098	 行稱 04	 四告 12	 行稱 03
 五紀 120	 參不韋 076		 四告 45		 行稱 05	 四告 34	 四告 30
 參不韋 014	 參不韋 114		 四告 46		 行稱 10	 四告 36	 四告 32
 參不韋 038			 四告 46			 五紀 021	 四告 34

	205	205	205	203	202		
	犧	牲	牛	番	分		
犛  五紀 060  五紀 115	 五紀 107	 參不韋 013	 行稱 05	 五紀 030  五紀 044  五紀 091	 四告 16  四告 19	 四告 45  四告 45	 四告 43  四告 44  司歲 03  五紀 030  四告 31  四告 45

207					208	208	208
						［嗌］	
告					口	蕛	味
四告 10	四告 40	參不韋 062	參不韋 093	參不韋 104	五紀 012	四告 23	五紀 029
四告 10	四告 45	參不韋 084	參不韋 093	參不韋 108	五紀 013	參不韋 071	參不韋 065
四告 16	四告 47	參不韋 085	參不韋 094		五紀 051	參不韋 072	參不韋 087
四告 26	行稱 04	參不韋 085	參不韋 103		五紀 084	參不韋 073	
四告 28	五紀 116	參不韋 086	參不韋 103		五紀 088	參不韋 074	
四告 32	參不韋 085	參不韋 087	參不韋 104		五紀 110	參不韋 075	

詠

參不韋 090 重見 516

參不韋 099

208 名

四告 11

五紀 043

五紀 075

208 君

四告 10

五紀 011

208 命

四告 04

四告 05

四告 08

四告 10

四告 17

四告 27

四告 38

四時 16

五紀 007

五紀 023

五紀 034

五紀 066

五紀 066

五紀 069

五紀 081

五紀 088

五紀 102

五紀 103

五紀 108

五紀 129

參不韋 002

參不韋 034

參不韋 035

參不韋 060

參不韋 061

參不韋 087

四告 17

四告 02

四告 43

四告 44

208 命

參不韋 020、參不韋 048、參不韋 048、參不韋 101、參不韋 120、參不韋 121

參不韋 121、參不韋 123

208 唯

五紀 020、五紀 020、五紀 020、五紀 097、五紀 103、參不韋 022

參不韋 022、參不韋 060、參不韋 074、參不韋 075、參不韋 081、參不韋 082

五紀 083、五紀 098

208 和

四告 12、四告 13、四告 21、五紀 029、五紀 044、參不韋 005

參不韋 018、參不韋 065、參不韋 067、參不韋 090、參不韋 099

208 哉

四告 12、四告 26、四告 28、四告 29、四告 47

	208		208	208	208	208	208
	周		吉	啻	咸	台	咠
 四告13	 四告01	 四告48	 四告18	 四告05	 四告03	 四告30	 四告19
 四告17	 四告04	 五紀071	 四告24	 四告17	 四告05		 四告21
 四告26	 四告08	 五紀074	 四告28	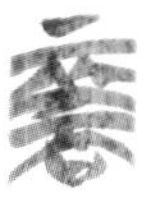 四時23	 四告09		
 參不韋008	 四告08	 參不韋042	 四告38	 參不韋084			
 參不韋031	 四告08	 參不韋080	 四告45				
 參不韋034	 四告10		 四告47				

208	208	208	208	208	208	208	208
［壽］							
𠷎	唇	吁	嘅	吝	各	哀	呼
 五紀 077	 四時 26	 五紀 101  五紀 102	 五紀 076	 四時 13  四時 30  五紀 088	 四告 19  參不韋 102  參不韋 114  參不韋 114	 四告 26  四告 29  四告 40  參不韋 087	 四告 04 重見 432

208	208	208		208			208
嘌	嚾	[illegible]		[illegible]			[illegible]
 四告16	 參不韋076	 四告19	君	 四時27	 五紀077	 五紀109	 五紀002
		 參不韋122	 參不韋123 重見312	 四時28	 五紀077	 五紀109	
				 四時29	 五紀098	 五紀109	
				 五紀002	 五紀098	 五紀116	
				 五紀003	 五紀098		
				 五紀004	 五紀109		

208	208	208	208	208	208	208	208
吾	⿰口方	⿱口干	⿱雨口	咎	⿱卜吕	⿺鬼口	⿱亥口

五紀 012	五紀 038	五紀 094	四告 05 重見 801	四時 35 重見 220	四時 36 重見 1313	四時 39 重見 923	司歲 03 重見 1451

	211	210	210	210	210	208	208
	喪	咢	單	嚴	⿱吅殳	⿱亞口	⿱⿰丵丵口
⿱屮亡	 四告45	 行稱05	 五紀033	 五紀008	 四告19	 行稱04 重見1417	 司歲09 重見316
 四告08 重見111		 行稱05		 五紀011	 四告23		
 行稱09		 行稱06		 五紀024	 參不韋079		
 行稱09（重）		 行稱07		 五紀035	 參不韋054		
 行稱10							
 參不韋056							

211		212		212		212	
						［起］	
		走		趣		记	
 司歲01	⿱喪死	 四告21	徙	 參不韋019	趣	 五紀016 重見219	追
	 司歲13 重見435	 五紀115	 五紀090 重見220	 參不韋106	 五紀090 重見219		 五紀018 重見219
		 五紀116	 參不韋100		 參不韋091（殘）		 五紀126
		 五紀118			 參不韋100		
		 參不韋019					
		 參不韋091					

	212	212	213		213	213	213
	趚	趄	止		歬	歸	亟
迡	 四時 11	 五紀 105	 四告 42	之	 參不韋 123	 四告 24	 四告 48 重見 505
 參不韋 045 重見 219			 五紀 012	 四告 42 重見 606		 四告 28	
			 五紀 017			 四告 31	
			 五紀 073				
			 五紀 089				

編號	字頭	字形	出處
213	[罒/豆/止]		四時 07
			四時 08
213	[尸/止]		四時 14
		遅	
			四時 30 重見 219
213	[尚/止]		五紀 062
			五紀 116
213	[亯/止]		參不韋 064
213	[萬/止]		參不韋 060 重見 219
213	[首/止]		四告 34 重見 219
213	卸		參不韋 055 重見 220

213	213	213	213	213	213	213	214
⿱聿止	⿱興止	⿱丞止	⿱腹止	⿱來止	⿱夆止	隆	登
 四告18 重見221	 五紀030 重見322	 參不韋007 重見332	 參不韋094 重見438	 四告42 重見554	 四告20 重見1211	 四時13 重見1411	 五紀033  四告04  參不韋036

216				215	215		214
此				歲	步		發
 四告48	 五紀021	 司歲12	戠	 五紀067	 五紀069	 四時15	 四時03
 四時20	 參不韋013	 司歲13	 四時07	 五紀068	 五紀089	 四時16	 四時04
 五紀003	 參不韋014	 行稱01	 司歲02		 五紀090	 四時21	 四時05
 五紀028	 參不韋045	 五紀003	 司歲02			 四時21	 四時11
 五紀034		 五紀016	 司歲03			 四時29	 四時11
 五紀036		 五紀021	 司歲12				 四時14

					217		
					正		
五紀063	五紀041	五紀019	五紀005	四時31	四告03	五紀091	五紀036
五紀064	五紀042	五紀019	五紀006	四時38	四告10	五紀091	五紀051
五紀066	五紀042	五紀024	五紀007	四時41	四告12	五紀091	五紀051
五紀066	五紀045	五紀026	五紀007	四時42	四時06		五紀051
五紀066	五紀058	五紀027	五紀008	司歲01	四時14		五紀088
五紀068	五紀063	五紀040	五紀010	行稱08	四時23		五紀091

217			217	218			
正			乏	是			
 五紀 068	 五紀 105	 參不韋 045	 四告 35	 四告 27	 五紀 027	 五紀 054	 五紀 067
 五紀 069	 五紀 116			 四告 30	 五紀 027	 五紀 059	 五紀 070
 五紀 070	 五紀 119			 四告 30	 五紀 032	 五紀 064	 五紀 075
 五紀 088	 五紀 120			 四告 42	 五紀 049	 五紀 065	 五紀 075
 五紀 097	 五紀 125			 行稱 03	 五紀 051	 五紀 065	 五紀 080
 五紀 100	 五紀 126			 五紀 016	 五紀 053	 五紀 066	 五紀 081

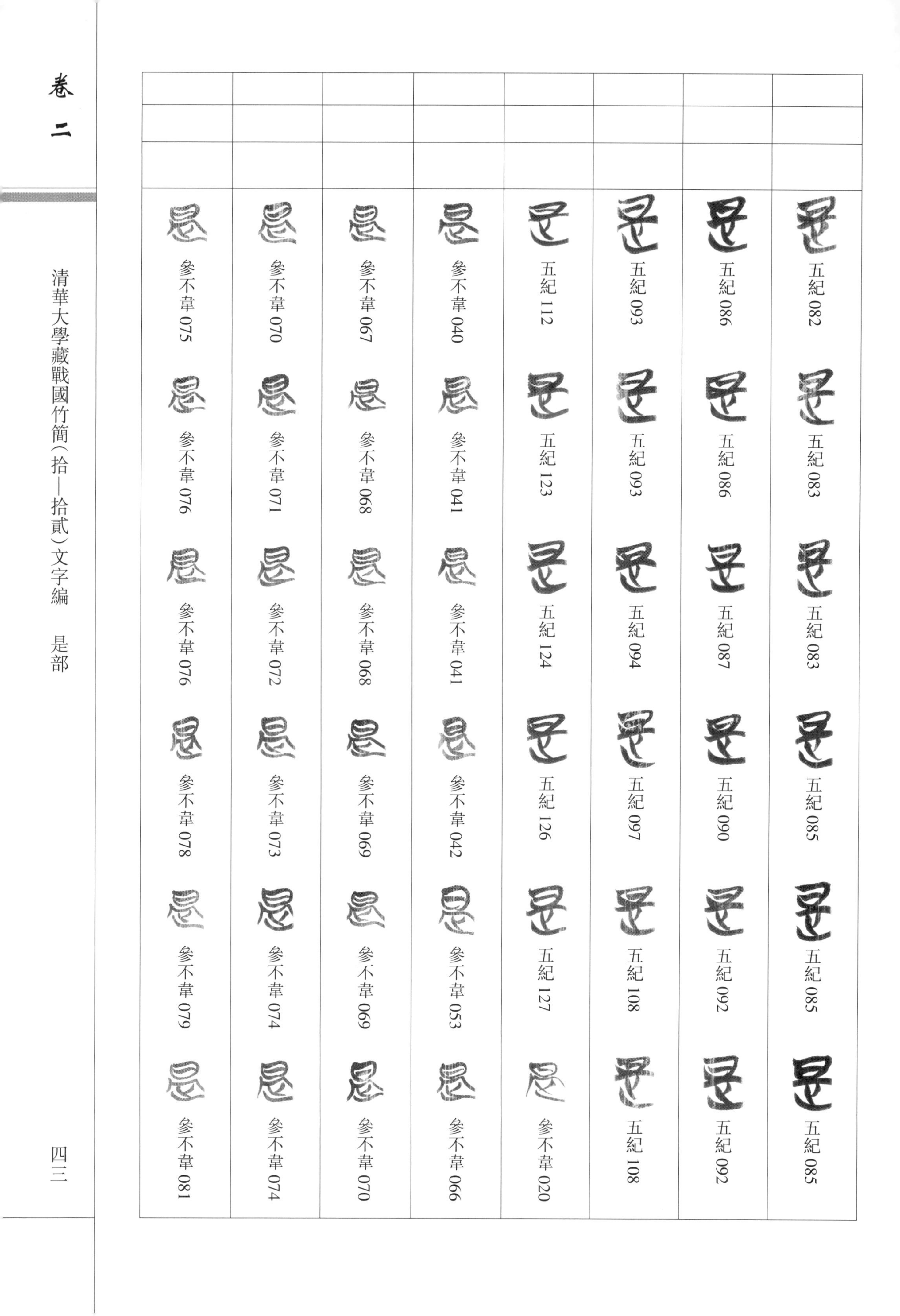

五紀082	五紀086	五紀093	五紀112	參不韋040	參不韋067	參不韋070	參不韋075
五紀083	五紀086	五紀093	五紀123	參不韋041	參不韋068	參不韋071	參不韋076
五紀083	五紀087	五紀094	五紀124	參不韋041	參不韋068	參不韋072	參不韋076
五紀085	五紀090	五紀097	五紀126	參不韋042	參不韋069	參不韋073	參不韋078
五紀085	五紀092	五紀108	五紀127	參不韋053	參不韋069	參不韋074	參不韋079
五紀085	五紀092	五紀108	參不韋020	參不韋066	參不韋070	參不韋074	參不韋081

	219	219	219	219	219	219	218
	［速］					［邁］	
	⿺辶朱	進	述	⿺辶正	徒	⿱萬止	是
遴	 五紀 089	 四告 21	 四告 44	 四告 03	 行稱 06	 參不韋 060 重見 213	 參不韋 101
 行稱 07	 參不韋 040	 四時 37	 五紀 045	 四告 07	 五紀 041	 參不韋 061	 參不韋 106
	 參不韋 044	 五紀 087	 五紀 071	 四時 03	 參不韋 010	 參不韋 097	 參不韋 106
	 參不韋 044	 五紀 099	 參不韋 011	 四時 03	 參不韋 012	 參不韋 104	
		 五紀 118	 參不韋 016		 參不韋 012	 參不韋 110	
		 參不韋 026					

219	219	219		219	219		219
逆	通	還		逗	達		迴
 五紀 100	 四時 01（殘）	 五紀 073	 參不韋 043	 參不韋 027	 四告 05	 參不韋 068	 五紀 003
 五紀 124	 四時 18	 五紀 089	 參不韋 054		 四告 27（訛）	 參不韋 078	
 參不韋 060	 四時 21	 五紀 125	 參不韋 080		 四告 29		
 參不韋 061	 四時 26	 參不韋 011			 五紀 005		
 參不韋 093		 參不韋 026			 參不韋 021		
 參不韋 121		 參不韋 030			 參不韋 022		

219	219	219	219	219		219	
迷	遺	逃	迁	遠		道	
 四告21	 四告26  四告45  五紀096  五紀107  五紀120  參不韋056	 五紀069	 司歲14（訛）	 四告28  四告49  參不韋024  參不韋070  參不韋070	傆  四告36 重見220	 四時35  司歲01  行稱01  五紀045  五紀046  五紀087	 五紀090  五紀124  五紀126  五紀129

	219	219	219	219	219		
	逌	遊	迲	遚	迒	衜	⿺辶亘
 參不韋 123	 四時 17  四時 19  四時 33  四時 41  四時 42  五紀 055	 四告 12（重）  四告 28	 四告 06	 四告 03	 四時 05	 五紀 087 重見 223	 四告 34 重見 213

219	219	219		219	219	219	219
⿺辶⿱隹土	⿺辶各	⿺辶止		⿺辶⿱山井	⿺辶申	⿺辶東	
 參不韋057	 參不韋011	 參不韋011  參不韋014  參不韋098（殘）	⿺辶⿱山皆  參不韋091	 五紀125  參不韋107	 五紀104  五紀115	 五紀016  五紀029  五紀049  五紀104	遺  參不韋122

219	219	219	219	219	219	219	219
⿺辶畱	⿺辶复	⿺辶慮	⿺辶彝	⿺辶巳	⿺辶㠯	⿺辶己	⿺辶取

四時42 重見220	四時42 重見220	四告31 重見220	四告26 重見1301	參不韋045 重見212	五紀018 重見212	五紀016 重見212	五紀090 重見212

編號	字頭	字形	出處
219	⿺辶圭		參不韋 095 重見 220
219	退		四告 21 重見 220
219	⿺辶⿱幺夂		行稱 04 重見 220
219	⿺辶⿱幺⿱夂日		四告 17 重見 220
219	從		四告 04 重見 804
219	⿺辶尾		四時 30 重見 213
219	逹		四告 33 重見 1211
220	德		四告 26
			四告 28（重）
			四告 29
			四告 30
			四告 32
			四告 33

220	220				220		
	[往]				[復]		
⿰彳戔	迬				⿺辶复		
 行稱07	 參不韋095 重見219	⿱复吕  四時35 重見208	⿰彳⿱复吕  四時12	⿺辶⿱复吕  四時42 重見219  四時42  司歲13	 四時42 重見219  五紀093  參不韋121	⿺辶慮  四告31 重見219	 四告34  四告35  四告36

220	220			220			
［復］	［後］						
退	逡			得			
四告 21 重見 219	行稱 04 重見 219	參不韋 101	逡	四告 27	㝵	四告 44	行稱 10
五紀 087	參不韋 021	參不韋 107	四告 17 重見 219	四告 34	四時 13 重見 332	行稱 04	五紀 056
五紀 099	參不韋 026	參不韋 107	四時 37		四時 30	行稱 08	五紀 056
五紀 118	參不韋 054	參不韋 108			四時 38	行稱 08	參不韋 023
	參不韋 058	參不韋 121			四告 31	行稱 09	參不韋 059
	參不韋 095				四告 36	行稱 09	參不韋 061

	220		220	220	220	220	220
	御		⿰彳眞	⿰彳彝	⿰彳系	⿰彳它	⿰彳耑
 參不韋 062  參不韋 067  參不韋 077	 四告 21  參不韋 056  參不韋 056  參不韋 056  參不韋 056  參不韋 057	卸  參不韋 055 重見 213	 四告 03	 四告 27 重見 1301	 四告 43 重見 801	 行稱 06	 五紀 017

220	220	221	221				
徙	[彳袁]	廷	建		[聿止]		
五紀 090 重見 212	四告 36 重見 219	四告 43	五紀 002 五紀 017 五紀 019 五紀 020 五紀 025 五紀 025	五紀 038 五紀 045 五紀 115 五紀 116	四告 18 重見 213 四時 26 五紀 041 五紀 042 五紀 066	五紀 067 五紀 069 五紀 070 五紀 075 五紀 084 參不韋 007	參不韋 007 參不韋 083 參不韋 097 參不韋 108

222 延

四告42

223 行

四告07
四告34
四時01
四時03
四時15
四時15
四時23
四時31
司歲01
行稱01
五紀008
五紀012
五紀013
五紀013
五紀013
五紀013
五紀017
五紀024
五紀025
五紀036（重）
五紀038
五紀039
五紀041
五紀044
五紀045
五紀047
五紀048
五紀051
五紀053
五紀055
五紀059
五紀062
五紀064
五紀065
五紀067
五紀068
五紀070
五紀072
五紀073
五紀073
五紀079
五紀080

223						223	223
行						衟	衜
五紀 086	五紀 122（重）	五紀 126	參不韋 005	參不韋 040	參不韋 092	四告 06	五紀 087 重見 219
五紀 087	五紀 122（重）	五紀 128	參不韋 009	參不韋 051	參不韋 098	四告 07	
五紀 095	五紀 123（重）	五紀 130	參不韋 010	參不韋 089	參不韋 098	五紀 112	
五紀 118	五紀 123（重）	參不韋 001	參不韋 014	參不韋 089	參不韋 118		
五紀 119	五紀 123（重）	參不韋 001	參不韋 017	參不韋 090			
五紀 121	五紀 125	參不韋 005	參不韋 025	參不韋 091			

225		226	226	226	226	226	226
［牙］							
⿱牙臼		足	⿰⻊欠	⿰⻊乇	跬	⿰⻊白	⿰⻊卑
 五紀 116 重見 729	⿱與齒	 五紀 056	 四告 29 （訛）	 五紀 048	 五紀 090	 五紀 090	 五紀 082 重見 437
 五紀 117	 四告 09 重見 729	 五紀 085				 五紀 090	
 五紀 117		 五紀 085					
		 五紀 089					
		 五紀 090					
		 五紀 093					

	230		230	230	229	227	226
	扁		嗣	冊	[illegible]	疋	[illegible]
	 四告16	[illegible]  四告37  四告43  四告44  四告49	 四告06  四告18	 參不韋087	 五紀106	 四告33  五紀022	 五紀083 重見801

301		301	303	305	306		306
器		噩	干	只	矞		商
 四告 23	 五紀 112	 司歲 08	 五紀 111	 五紀 093	 五紀 027	 五紀 046	 四告 02
 五紀 047					 五紀 042	 五紀 063	 四告 06
 五紀 052					 五紀 045	 五紀 068	 四告 20
 五紀 060					 五紀 124	 五紀 087	 參不韋 035
 五紀 061					 五紀 125	 五紀 097	
 五紀 107					 五紀 128	 五紀 101	

307			307		309		
句			鉤		古		
四時33	參不韋014	參不韋095	四時04 重見1401	四時28	四告40	五紀051	五紀066
四時36	參不韋015	參不韋097	四時05	四時35	四告47	五紀053	五紀067
五紀049	參不韋052	參不韋105	四時10		五紀004	五紀054	五紀075
五紀117	參不韋077	參不韋108	四時14		五紀021	五紀064	五紀112
參不韋007	參不韋078		四時15		五紀049	五紀065	五紀116
參不韋007	參不韋083		四時27		五紀049	五紀065	五紀123

五紀124
五紀124
五紀126
五紀126
五紀126
五紀127

五紀127
五紀128
參不韋014
參不韋073
參不韋118

310

十

四時03
四時03
四時03
四時06
四時07
四時08

四時08
四時09
四時10
四時11
四時11
四時11

四時13
四時14
四時15
四時16
四時17
四時18

四時18
四時20
四時24
四時24
四時26
四時28

四時31
四時33
四時34
司歲12
司歲13
五紀021

五紀027
五紀030
五紀036
五紀083
五紀083
五紀097

310	310	311	312				312
廿	憓	世	言				請
五紀 089	五紀 089	五紀 049	四告 12	五紀 124	五紀 127	參不韋 018	參不韋 059（殘）
參不韋 027	五紀 091		四告 31	五紀 124	五紀 127	參不韋 091	參不韋 062
參不韋 027			五紀 029	五紀 125	五紀 127	參不韋 100	
參不韋 028			五紀 046	五紀 125	五紀 127	參不韋 119	
參不韋 029			五紀 051	五紀 127	五紀 127		
參不韋 029			五紀 054	五紀 127	參不韋 008		

312	312	312	312		312		312
					[謀]		
許	啻	訓	誨		⿱母心		謹
 行稱04	 四告17	 參不韋005	 四告36	⿰言母	 五紀047 重見1039	⿱母口	 五紀100
		 參不韋012		 四告09	 五紀063	 參不韋123 重見208	

312	312	312	312	312	312		312
				［詩］			［信］
訧	診	讓	訶	𧬈	話		訐
 四告23	 五紀071  五紀075	 五紀075  五紀102	 五紀118  五紀118  五紀119  五紀119	 四時01	 四告21	 參不韋111	 五紀063  五紀122  五紀128  參不韋003  參不韋062  參不韋081

313	312		312	312	312	312	312
善	[illegible]		訢	譽	[illegible]	訞	詢
 四告 19	 五紀 064	[illegible]	 參不韋 094	 五紀 004	 四告 04	 四告 48	 四告 40
 五紀 059		 五紀 052		 五紀 006			
 五紀 059		 五紀 087		 五紀 028			
 五紀 060				 五紀 067			
 五紀 060							
 五紀 121							

313	313	314			314		
善	競	音			章		
 五紀 122（重）	 四告 02	 四告 11	 五紀 081	 參不韋 017	 四時 01	 四時 18	 四時 27
		 五紀 005	 五紀 121	 參不韋 025	 四時 03	 四時 19	 四時 29
		 五紀 008	 參不韋 001	 參不韋 090	 四時 06	 四時 21	 四時 31
		 五紀 023	 參不韋 005	 參不韋 099	 四時 11	 四時 22	 四時 32
		 五紀 028	 參不韋 012		 四時 13	 四時 24	 四時 32
		 五紀 035	 參不韋 014		 四時 15	 四時 26	 四時 33

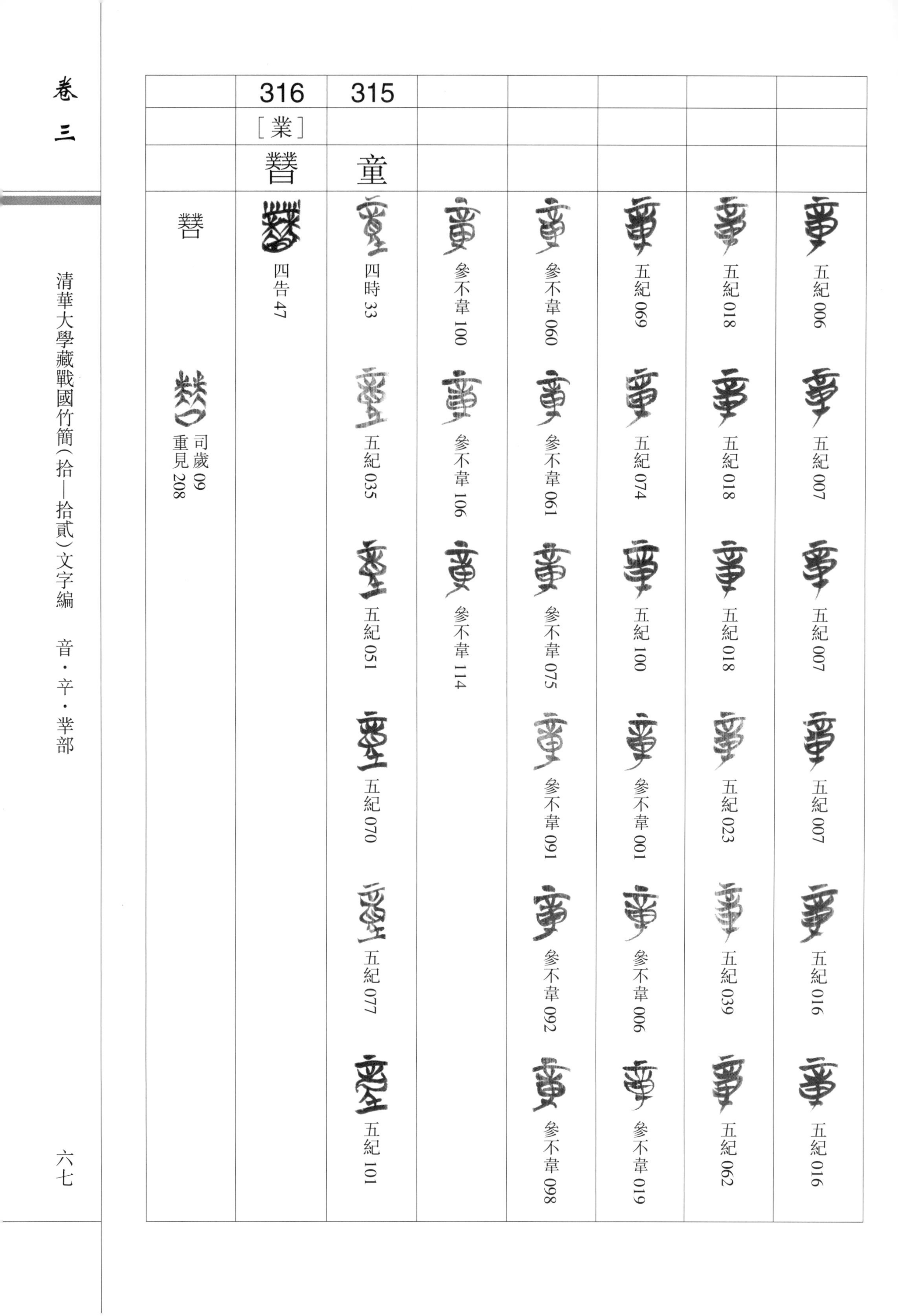

	316	315					
	［業］						
	𣌭	童					
𣌭 司歲 09 重見 208	四告 47	四時 33 五紀 035 五紀 051 五紀 070 五紀 077 五紀 101	參不韋 100 參不韋 106 參不韋 114	參不韋 060 參不韋 061 參不韋 075 參不韋 091 參不韋 092 參不韋 098	五紀 069 五紀 074 五紀 100 參不韋 001 參不韋 006 參不韋 019	五紀 018 五紀 018 五紀 018 五紀 023 五紀 039 五紀 062	五紀 006 五紀 007 五紀 007 五紀 007 五紀 016 五紀 016

316			318	318	318	318	318
叢			⿱丰廾	⿱卩廾	弇	戒	兵
 參不韋 007	⿱丵耳	⿱丵聑	 五紀 064	 參不韋 007	 參不韋 046	 四時 42	 四時 42
	 五紀 063	 五紀 001	 五紀 116	 參不韋 097	 參不韋 052	 四時 34	 司歲 01
			 參不韋 052	 參不韋 103	 參不韋 060	 五紀 077	 行稱 07
			 參不韋 055	 參不韋 109			 五紀 099（重）
			 參不韋 062				 五紀 099
							 五紀 099

320	318	318	318	318	318	318	
共	弆	弃	𢍃	兑	具	龔	
 行稱 02	 五紀 090	 五紀 088 重見 348	 五紀 022	 五紀 051（重）	 五紀 107	 四告 24	 五紀 102
 行稱 05	 五紀 090		 五紀 066	 五紀 089		 四告 27	 五紀 105
 五紀 010				 五紀 099		 四告 27	 五紀 115
 五紀 011						 四告 49	 參不韋 011
 五紀 017							 參不韋 041（訛）
 五紀 032							 參不韋 094（訛）

320			321		322	322	
共			異		與	興	
 五紀 048	 五紀 091	 參不韋 096	 四告 22（重）	 參不韋 114	 司歲 13	 四告 06	[illegible]
 五紀 049	 五紀 095	 參不韋 100	 五紀 026		 五紀 079	 四告 09	 五紀 030 重見 213
 五紀 056	 五紀 128		 五紀 078		 參不韋 095	 四告 32	
 五紀 058	 參不韋 019		 參不韋 019（重）			 五紀 092	
 五紀 061	 參不韋 044		 參不韋 051				
 五紀 064	 參不韋 091		 參不韋 100（重）				

325	324	324	323	323	323	323	323
		［晨］					
爨	農	𦦅	𦥚	臬	𦥑	柬	要
 五紀 117	 四告 33	 四告 40	 司歲 02 重見 1211	 四時 01 重見 601  四時 21	 四告 38	 五紀 072 （重） 重見 601	 五紀 036  五紀 092  五紀 092

326	327	329					
革	鬲	爲					
五紀030	五紀002	四告47	司歲01	司歲02	司歲03	司歲04	司歲05
	五紀004	四時37	司歲01	司歲02	司歲03	司歲04	司歲05
	五紀067	司歲01	司歲02	司歲03	司歲04	司歲04	司歲05
	五紀067	司歲01	司歲02	司歲03	司歲04	司歲05	司歲05
	五紀092	司歲01	司歲02	司歲03	司歲04	司歲05	司歲06
	四時37	司歲01	司歲02	司歲03	司歲04	司歲05	司歲06

司歲12	司歲11	司歲10	司歲09	司歲08	司歲08	司歲07	司歲06
司歲12	司歲11	司歲10	司歲09	司歲09	司歲08	司歲07	司歲06
司歲13	司歲12	司歲11	司歲10	司歲09	司歲08	司歲07	司歲06
司歲14	司歲12	司歲11	司歲10	司歲09	司歲08	司歲07	司歲06
行稱03	司歲12	司歲11	司歲10	司歲09	司歲08	司歲07	司歲06
行稱05	司歲12	司歲11	司歲10	司歲09	司歲08	司歲07	司歲07

329

爲

行稱 06

行稱 07

五紀 018

五紀 018

五紀 018

五紀 019

五紀 019

五紀 044

五紀 045

五紀 047

五紀 047

五紀 048

五紀 048

五紀 049

五紀 070

五紀 073

五紀 074

五紀 074

五紀 074

五紀 074

五紀 079

五紀 080

五紀 081

五紀 081

五紀 084

五紀 084

五紀 084

五紀 084

五紀 084

五紀 084

五紀 084

五紀 084

五紀 084

五紀 085

五紀 094

五紀 094

五紀 099

五紀 099

五紀 099

五紀 099

五紀 100

五紀 100

五紀 100

五紀 108

五紀 108

五紀 108

五紀 109

五紀 110

330		330	329	329			
執		丮	采	覓			
 四告 18	⿰丮攵	 五紀 059	 五紀 125	 四告 10	 參不韋 016	 五紀 111	 五紀 110
 五紀 070	 五紀 099 重見 348	 五紀 104	 五紀 128	 四告 40	 參不韋 018	 五紀 111	 五紀 110
 五紀 072		 五紀 115			 參不韋 027	 五紀 111	 五紀 110
 五紀 078		 五紀 116			 參不韋 027	 五紀 111	 五紀 110
 五紀 100					 參不韋 036	 五紀 111	 五紀 110
 五紀 100					 參不韋 036	 五紀 112	 五紀 111

330		330	332				
執		易丮	又				
 五紀100	木丮	 四告36（訛）重見936	 四告01	 四告22	 四告45	 四時13	 四時39
 五紀115	 五紀016 重見601		 四告01	 四告22	 四告45	 四時16	 四時40
	 五紀044		 四告02	 四告24	 四告45	 四時21	 四時41
	 五紀069		 四告05	 四告30	 四時03	 四時30	 四時41
			 四告05	 四告30	 四時07	 四時38	 四時42
			 四告11	 四告38	 四時13	 四時39	 四時42

司歲 12	行稱 05	行稱 09	行稱 10	五紀 001	五紀 027	五紀 037	五紀 039
司歲 13	行稱 08	行稱 09	行稱 10	五紀 001	五紀 027	五紀 037	五紀 039
司歲 13	行稱 08	行稱 09	行稱 10	五紀 003	五紀 027	五紀 038	五紀 039
行稱 02	行稱 08	行稱 09	行稱 10	五紀 003	五紀 030	五紀 038	五紀 041
行稱 03	行稱 09	行稱 09（重）	行稱 10	五紀 003	五紀 036	五紀 038	五紀 042
行稱 04	行稱 09	行稱 10	五紀 001	五紀 021	五紀 037	五紀 038	五紀 043

332 又

五紀046
五紀050
五紀051
五紀052
五紀056
五紀062
五紀063
五紀069
五紀073
五紀083
五紀086
五紀087
五紀087
五紀087
五紀091
五紀092
五紀092
五紀094
五紀097
五紀098
五紀098
五紀098
五紀098
五紀122
五紀123
五紀124
五紀127
五紀127
五紀127
五紀127
五紀127
五紀127
五紀127
五紀129

332 右

四告09
五紀020
五紀081
五紀082
五紀082
五紀082
五紀082
五紀083
五紀083
五紀083（重）
五紀085
五紀085

		332	332	332		332	332
		厷	叉	父		燮	曼
五紀 099	五紀 118	四告 32	四告 09	四告 16	參不韋 048（重）	四告 28	參不韋 086
五紀 102	參不韋 026	五紀 082		四告 18	參不韋 084（重）		參不韋 111
五紀 104		五紀 082		五紀 011	參不韋 103（重）		
五紀 117		五紀 094		五紀 017	參不韋 104（重）		
五紀 117				五紀 031	參不韋 105（重）		
五紀 117				參不韋 035	參不韋 110（重）		

332 尹

四告01

四告11

四告12

四告13

332 虘

司歲14 重見525

病方03

332 及

四告45

四時36

四時39

四時40

四時41

四時41

四時42

五紀041

五紀080

五紀081

五紀093

丞

參不韋007 重見213

參不韋009

參不韋011

參不韋012

參不韋013

參不韋016

參不韋028

參不韋029

參不韋039

參不韋051

參不韋051

參不韋083

參不韋084

參不韋096

參不韋096

參不韋101

參不韋103

參不韋104

參不韋104

參不韋105

參不韋106

參不韋106

						332	332
						秉	⿰血及
參不韋045	參不韋019	參不韋006	五紀066	五紀042	五紀036	四告03	四告28
參不韋052	參不韋030	參不韋006	五紀086	五紀059	五紀039	四告11	四告30
參不韋052	參不韋031	參不韋006	五紀089	五紀059	五紀040	四告20	
參不韋054	參不韋039	參不韋006	五紀117	五紀060	五紀040	四告30	
參不韋055	參不韋043	參不韋008	參不韋003	五紀060	五紀040	四告33	
參不韋057	參不韋044	參不韋014	參不韋006	五紀064	五紀041	五紀021	

332	332		332				332
彗	取		反				秉
 四告 28	 四時 03	 五紀 043	 四告 06	 參不韋 108	 參不韋 091	 參不韋 081	 參不韋 058
 四告 29	 五紀 021		 參不韋 002		 參不韋 100	 參不韋 082	 參不韋 060
			 參不韋 114		 參不韋 105	 參不韋 084	 參不韋 063
			 四告 23		 參不韋 106	 參不韋 084	 參不韋 064
			 四時 15		 參不韋 107	 參不韋 085	 參不韋 077
			 四時 22		 參不韋 107	 參不韋 085	 參不韋 078

332	332	332	332	332	332	332	332
［友］							
⿱𠬪曰	⿰酉犮	㕚	⿱宀又	⿱午又	⿱丶支	⿱旦又	⿱乍又
 五紀 010  參不韋 117	 四告 46	 五紀 005  五紀 017  五紀 018	 五紀 056  五紀 056  五紀 057  五紀 060	 五紀 089  五紀 115  五紀 116	 五紀 104	 四時 13 重見 220	 四時 11 重見 1227

332 叓

行稱 01
重見 425

332 ⿳士冖叓

參不韋 121
重見 739

332 ⿱豐叓

五紀 026
重見 1233

333 卑

四告 07

四告 13

四告 19

四告 20

四告 22

四告 48

四告 48

四告 48

四告 48

四告 48

四告 49

四告 49

334 史

五紀 048

334 事

四告 10

四告 13

四告 29

四告 30

四告 33

行稱 05

行稱 06

五紀 010

五紀 010

五紀 011

五紀 031

五紀 034

五紀047 五紀050 五紀052 五紀053 五紀055 五紀056

五紀056 五紀058 五紀070 五紀075（訛） 五紀079 五紀095

五紀124 五紀124 五紀124 五紀126 五紀127 五紀128

參不韋029 參不韋022 參不韋007 參不韋008 參不韋011 參不韋012

參不韋013（殘） 參不韋014 參不韋016 參不韋013 參不韋015

337 聿

四告08 五紀002 五紀005 五紀013 五紀019 五紀022

五紀068 五紀068 五紀090 五紀121 五紀125

337 筆

參不韋015

345	343	341	341	340	338	338	337
						［畫］	
寺	殺	⿱竹臣	臣	⿱臣豆	畫	⿱聿刀	⿰彡聿
 四告 38	 行稱 08	 四告 40	 四告 19	 五紀 044	 行稱 01	 四告 40 重見 440	 司歲 13
 四時 02	 五紀 064					 五紀 076	
 四時 03	 五紀 109						
 四時 04	 五紀 129						
 四時 05	 參不韋 118						
 四時 07	 參不韋 009						

四時08	四時09	四時09	四時10	四時11	四時13
四時14	四時15	四時16	四時17	四時18	四時19
四時20	四時21	四時22	四時23	四時24	四時25
四時26	四時26	四時27	四時28	四時29	四時30
四時30	四時31	四時32	四時33	四時34	四時34
四時35	四時37	四時37	司歲01	司歲01	司歲01
司歲02	司歲02	司歲02	司歲03	司歲03	司歲03
司歲04	司歲04	司歲04	司歲05	司歲05	司歲05

345

寺

司歲 05
司歲 06
司歲 06
司歲 06
司歲 06
司歲 06

司歲 07
司歲 07
司歲 07
司歲 08
司歲 08
司歲 08

司歲 09
司歲 09
司歲 09
司歲 10
司歲 10
司歲 10

司歲 11
司歲 11
司歲 11
司歲 12
司歲 12
司歲 12

五紀 005
五紀 006
五紀 008
五紀 009
五紀 010
五紀 011

五紀 024
五紀 028
五紀 029
五紀 030
五紀 035
五紀 040

五紀 044
五紀 058
五紀 063
五紀 065
五紀 075
五紀 096

五紀 096
五紀 098（重）
五紀 102
五紀 105
五紀 105
五紀 105

			345	346	348		
			尃	皮	啟		
 五紀 105	 五紀 120	 參不韋 114	 五紀 002	 五紀 031	 四告 12	[户攴]	 四時 11
 五紀 107	 五紀 120		 五紀 016	 五紀 068	 四時 22	 四時 03	 四時 21
 五紀 109	 五紀 127		 五紀 062	 五紀 072	 四時 28	 四時 10	 五紀 076
 五紀 109	 五紀 128		 五紀 072	 參不韋 022	 參不韋 114	 五紀 128	 參不韋 001
 五紀 109	 五紀 129		 五紀 097	 參不韋 035		 四時 05	 參不韋 006
 五紀 120	 參不韋 092					 四時 06	 參不韋 007

348

參不韋 009
參不韋 012
參不韋 015
參不韋 017
參不韋 018
參不韋 020
參不韋 021
參不韋 021
參不韋 022
參不韋 023
參不韋 024
參不韋 025
參不韋 027
參不韋 028
參不韋 029
參不韋 030
參不韋 032
參不韋 033
參不韋 034
參不韋 035
參不韋 035
參不韋 036
參不韋 037
參不韋 038
參不韋 039
參不韋 040
參不韋 040
參不韋 041
參不韋 043
參不韋 044
參不韋 044
參不韋 045
參不韋 046
參不韋 046
參不韋 049
參不韋 049
參不韋 050
參不韋 052
參不韋 052
參不韋 053
參不韋 054
參不韋 055
參不韋 055
參不韋 057
參不韋 058
參不韋 060
參不韋 060
參不韋 060

參不韋 061
參不韋 062
參不韋 062
參不韋 063
參不韋 064
參不韋 064
參不韋 066
參不韋 067
參不韋 069
參不韋 070
參不韋 071
參不韋 072
參不韋 074
參不韋 075
參不韋 076
參不韋 077
參不韋 077
參不韋 077
參不韋 078
參不韋 078
參不韋 079
參不韋 080
參不韋 081
參不韋 082
參不韋 083
參不韋 083
參不韋 086
參不韋 102
參不韋 105
參不韋 107
參不韋 108
參不韋 108
參不韋 108
參不韋 110
參不韋 112
參不韋 113
參不韋 113
參不韋 114
參不韋 115
參不韋 115
參不韋 116
參不韋 119
參不韋 120
參不韋 122

348	348		348	348	348	348	348
[寇]	[攼]				[改]		
寇	弃		攸	敚	攺	政	敀
 參不韋 007 重見 1221	 五紀 088 重見 318	 參不韋 012	 行稱 07	 五紀 057	 五紀 046	 參不韋 010	 參不韋 117
		 參不韋 016	 五紀 002	 五紀 099	 五紀 096	 參不韋 012	
		 參不韋 096	 參不韋 008	 五紀 116			
			 參不韋 009				
			 參不韋 010				
			 參不韋 011				

攷	敏	攻		敔	畋	敘	
348	348	348		348	348	348	
 五紀 075	 四時 19	 五紀 050	 參不韋 010	 五紀 106	 行稱 06	 四時 03	 參不韋 020
 五紀 089		 五紀 053	 參不韋 010			 五紀 050	 參不韋 075
 五紀 122		 五紀 056	 參不韋 016			 五紀 052	 參不韋 079
 五紀 122		 五紀 057	 參不韋 015			 五紀 053	
 五紀 124		 五紀 060				 五紀 065	
 五紀 126		 五紀 112				 五紀 073	

348	348		348	348	348	348	348
⿰毛攵	⿰谷攵		⿰⿱丙丙攵	攺	⿰雚攵	⿰衤攵	敗
 五紀056	 五紀056	⿰⿱两酉攵	 五紀048	 五紀027	 四告40 重見433	 四告27	 四告02
	 五紀059	 參不韋118		 五紀117			
	 五紀073			 五紀119			

348	348	348	348	348	348	348	348
敊	敨	敘	⿰尋攵	⿰耳攵	⿰豆攵	⿰石攵	⿰害攵
 五紀076	 五紀076	 五紀081	 五紀090	 五紀099 重見330	 五紀103  五紀103	 五紀105	 五紀105

編號	字頭	字形	出處
348	⿰虘攴		參不韋 002
348	⿰月攴		四時 01
			四時 06
			四時 06
			四時 09
			四時 11
			參不韋 003
			參不韋 048
			參不韋 085
			四時 24
			四時 18（訛）
348	⿰⿱㞢土攴		參不韋 091（殘）
348	⿰⿱癶土攴		參不韋 117
348	⿰⿱㞢几攴		五紀 058 重見 801
348	⿰⿱㞢女攴		五紀 122 重見 801 重見 1213
348	⿰番攴		參不韋 003 重見 1211

348	348	348	348	350	350		350
⿰幸攵	隞	⿰雀攵	敦	卜	貞		占
 參不韋013 重見1028	 四告40 重見1411	 四告40 重見1221	 五紀032 重見1436	 行稱05  五紀112  參不韋014  參不韋083  五紀046	 五紀030  五紀033  五紀034  五紀087  五紀121  五紀123（重）	 五紀048  五紀069	 五紀054  五紀071  五紀091

350

𠧞

五紀 054

兆

五紀 104

351

用

四告 07

四告 08

四告 11

四告 13

四告 16

四告 16

四告 27

四告 27

四告 31

四告 32

四告 32

四告 34

四告 35

四告 36

四告 37

四告 47

四時 22

五紀 017

五紀 043

五紀 048

五紀 048

五紀 049

五紀 049

五紀 049

五紀 051

五紀 052

五紀 052

五紀 053

五紀 053

五紀 055

五紀 068

五紀 091

五紀 091

五紀 091

五紀 091

五紀 095

				353	353		
				爽	爾		
				 四告 40  五紀 046	 四告 49  四告 49	 參不韋 121	 參不韋 002  參不韋 061  參不韋 061  參不韋 062  參不韋 089  參不韋 094

402			402	402	402	402	
					[旬]		
目			瞏	罘	眗	相	
四時06	四時34	五紀012	五紀099	四告04	參不韋033	四告13	五紀012
四時06	四時36	五紀084	五紀099	四告12		四時38	五紀012
四時08	四時36	五紀088	五紀118			五紀010	五紀012
四時19	病方02	五紀110	五紀118			五紀012	五紀013
四時27	病方03					五紀012	五紀013
四時34	五紀012					五紀012	五紀013

402	402	402	402	402			
盲	胄	睪	盲	告			
 五紀 071	 五紀 030  五紀 044  參不韋 063  參不韋 063  參不韋 074  參不韋 078	 參不韋 014 重見 1432	 五紀 101	 四告 02  參不韋 117	 四時 08	 五紀 074  五紀 074  五紀 078  五紀 078  五紀 098  參不韋 008	 五紀 013  五紀 044  五紀 045  五紀 047  五紀 047  五紀 047

403 ⿱䀠癸

參不韋 003

406 自

四告 34

四告 36

五紀 002

五紀 003

五紀 004

五紀 056

五紀 091

五紀 092

五紀 092

五紀 096

五紀 112

參不韋 002

參不韋 002

參不韋 004

參不韋 004

參不韋 026

參不韋 026

參不韋 028

參不韋 046

參不韋 046

參不韋 060

參不韋 060

參不韋 062（殘）

參不韋 062（殘）

參不韋 064

參不韋 065

參不韋 065

參不韋 077

參不韋 078

參不韋 079

參不韋 089

參不韋 089

參不韋 091

參不韋 091

參不韋 094

參不韋 094

參不韋 094

參不韋 095

參不韋 101

參不韋 102

參不韋 116

參不韋 120

407 皆					407 魯	407 者	
			⿱虤曰	⿸虍皆			
四時02	四時06	四時08			四告01	四告01	五紀051
四時04	四時06	四時09	參不韋019	五紀031 重見525	四告11	四告10	五紀052
四時04	四時06	五紀103	參不韋030	五紀101	四告16	四告11	五紀052
四時04	四時06			參不韋080	四告20	四告16	五紀052
四時05	四時07				四告47	四告20	五紀081
四時05	四時07				五紀037	四告47	參不韋115

407			407				407
者			智				百
參不韋115	五紀122	五紀123	四告27	五紀046	⿱⿰知于皿	參不韋075	四告02
五紀007	五紀123		四告31		參不韋071	參不韋087	四告03
五紀028	五紀123		四告30		參不韋071	參不韋087	四告13
五紀122	五紀123		四告31		參不韋072	參不韋088	四告42
五紀122	五紀123		四告45		參不韋073	參不韋088	四時05
五紀122	五紀123		四告46		參不韋074	參不韋088	五紀031

411	408						
羽	鼻						
 五紀 030	 五紀 012	 參不韋 097	 參不韋 027	 五紀 103	 五紀 068	 五紀 056	 五紀 032
	 五紀 013	 參不韋 103	 參不韋 028	 五紀 126	 五紀 091	 五紀 056	 五紀 033
	 五紀 110	 參不韋 105	 參不韋 029	 參不韋 003	 五紀 094	 五紀 057	 五紀 033
		 參不韋 109	 參不韋 029	 參不韋 003	 五紀 094	 五紀 057	 五紀 033
		 參不韋 116	 參不韋 033	 參不韋 007	 五紀 095	 五紀 057	 五紀 056
		 參不韋 121	 參不韋 034	 參不韋 013	 五紀 101	 五紀 058	 五紀 056

411 龍

四告05 重見1011

411 羿

五紀129

412 隹

四告01

四告04

四告06

四告20

四告26

四告30

四告30

四告31

四告36

四告40

四告42

四告43

四告44

四告45

五紀001

五紀003

五紀003

五紀007

五紀010

五紀013

五紀013

五紀016

五紀016

五紀016

五紀016

五紀016

五紀019

五紀020

五紀027（殘）

五紀027

五紀027

五紀051

五紀059

五紀059

五紀060

五紀060

五紀 061	五紀 087	五紀 090	參不韋 004	參不韋 005	參不韋 017	參不韋 019	參不韋 047
五紀 062	五紀 087	五紀 101	參不韋 004	參不韋 006	參不韋 018	參不韋 022	參不韋 047
五紀 062	五紀 088	五紀 118	參不韋 005	參不韋 008	參不韋 018	參不韋 028	參不韋 047
五紀 069	五紀 088	五紀 130	參不韋 005	參不韋 009	參不韋 018	參不韋 041	參不韋 049
五紀 070	五紀 088	參不韋 001	參不韋 005	參不韋 012	參不韋 018	參不韋 041	參不韋 050
五紀 083	五紀 088	參不韋 003	參不韋 005	參不韋 015	參不韋 019	參不韋 042	參不韋 062（殘）

412	412	412	412				412
	［𩀦］	［雎］					
雁	鶉	鴡	隻				隹
 五紀 069	 四時 17 重見 422	 四告 42 重見 422	 四告 37	 參不韋 110	 參不韋 099	 參不韋 089	 參不韋 063
 五紀 086		 四告 46	 四告 48	 參不韋 113	 參不韋 099	 參不韋 093	 參不韋 063
 五紀 116			 四告 48	 參不韋 114	 參不韋 100	 參不韋 093	 參不韋 064
				 參不韋 115	 參不韋 100	 參不韋 098	 參不韋 064
				 參不韋 120	 參不韋 100	 參不韋 099	 參不韋 081
				 參不韋 123	 參不韋 105	 參不韋 099	 參不韋 086

412	412	412	412	413		414	
				［奮］			
䜴	雟	隼	難	⿱隹田		雚	
 五紀 026	 五紀 079	 五紀 106	 司歲 07 重見 422	 四時 22	⿱衣田	 四告 21	 參不韋 115
	 五紀 110				 四時 08	 五紀 001	 參不韋 115
					 四時 08	 參不韋 031	 參不韋 116
					 司歲 11	 參不韋 076	 參不韋 116
					 五紀 001	 參不韋 111	 參不韋 116
					 五紀 117	 參不韋 112	 參不韋 119

頁碼	字頭	出處
414	雚	參不韋122；五紀078
414	舊	五紀046
415	乖	參不韋055；參不韋118
417	羊	五紀043；五紀096；五紀117；參不韋024；參不韋037；參不韋042；參不韋050；參不韋050；參不韋053；參不韋054；參不韋054；參不韋055；參不韋055；參不韋058；參不韋102；參不韋108；參不韋112；參不韋113；參不韋120
417	牂	五紀100

417			419	421	422		422
				［雧］			［鷬］
羣			瞿	集	烏		難
 五紀 027	 五紀 052	 五紀 103	 四告 46	 四告 42	 四時 03	 五紀 072	 司歲 07 重見 412
 五紀 027	 五紀 063	 五紀 103	 五紀 101	 四告 42	 四時 09		 五紀 055
 五紀 027	 五紀 076			 四告 46	 四時 22		 五紀 078
 五紀 036	 五紀 091			 五紀 018	 四時 38		
 五紀 037	 五紀 092			 五紀 095	 四時 38		
 五紀 043	 五紀 098				 四時 38		

422	422	422	422	422	423		
鳴	⿰豆鳥	⿰長鳥	⿰臣鳥	鶉	於		
 四告43	 五紀077	 五紀077	 四告42 重見412	 四時17 重見412	 四告05	 行稱06	 五紀075
 四時05					 四告26	 行稱06	 五紀075
					 四告29	 五紀077	 五紀075
					 四告40	 五紀097	 五紀075
					 行稱04	 五紀097	 五紀076
					 行稱05	 五紀097	 五紀076

五紀076
五紀076
五紀076
五紀076
五紀076
五紀077

五紀077
五紀077
五紀077
五紀077
五紀077
五紀078

五紀078
五紀078
五紀078
五紀078
五紀079
五紀079

五紀079
五紀079
五紀079
參不韋021
參不韋033
參不韋043

參不韋071
參不韋072
參不韋072
參不韋073
參不韋074
參不韋075

參不韋084
參不韋085
參不韋085
參不韋103
參不韋104
參不韋104

參不韋108
參不韋109
參不韋109
參不韋110

424 畢

四告23
四告49

424	424	425	425				
［棄］							
弃	糞	再	爯				
 四時 09	 四告 36 重見 727	 五紀 090	 五紀 063  五紀 129  參不韋 004  參不韋 007  參不韋 009  參不韋 017	 參不韋 026  參不韋 039  參不韋 041  參不韋 065  參不韋 097  參不韋 098	 參不韋 102	⿱爯又  行稱 01 重見 332  行稱 01  行稱 01  行稱 01  行稱 02	 行稱 02  行稱 02  行稱 03  行稱 04  行稱 04  行稱 05

428	427			427	427		
叀	畿			幾	幽		
 五紀 073	 參不韋 019 重見 701	 參不韋 103	 參不韋 044	 四時 17	 四時 18	 五紀 006	 行稱 06
 五紀 074	 參不韋 020	 參不韋 109	 參不韋 044	 五紀 089		 五紀 013	 行稱 07
			 參不韋 047	 五紀 090		 五紀 013	 行稱 07
			 參不韋 063	 參不韋 003		 五紀 017	 行稱 08
			 參不韋 085	 參不韋 033		 五紀 078	 行稱 10
			 參不韋 100	 參不韋 043		 參不韋 005	 五紀 005

428	428		429			429	
惠	叀		玄			兹	
四告 11 重見 1039	參不韋 020	參不韋 109	四時 02	四時 16	四時 26	四告 01	四告 29
四告 17	參不韋 047		四時 04	四時 18	四時 28	四告 06	四告 30
四告 22	參不韋 085		四時 12	四時 21	四時 28	四告 07	四告 31
五紀 122	參不韋 094		四時 12	四時 21	四時 30	四告 11	四告 35
參不韋 067	參不韋 103		四時 12	四時 21	五紀 021	四告 14	四告 38
	參不韋 104		四時 15	四時 24		四告 14	四告 40

	430			431	432		432
	舒			放	爰		⿱爫⿵冂又
五紀071	四時02	司歲47	司歲52	參不韋007	四告31	五紀073	四告06
	四時05	司歲47	司歲53	參不韋025	五紀036	五紀087	四告45
	四時29	司歲48	司歲54	參不韋083	五紀037	五紀126	五紀001
	四時35	司歲49	司歲54	參不韋097	五紀069		
	司歲45	司歲50		參不韋108	五紀072		
	司歲46	司歲51			五紀073（重）		

		432					432
		受					
司歲 49	四時 35	四告 10	參不韋 119	參不韋 061	[illegible]	參不韋 008	[illegible]
司歲 50	司歲 45	四告 17		參不韋 076	參不韋 039	參不韋 009	四時 37
司歲 51	司歲 46	四告 20		參不韋 076	參不韋 046		五紀 054
司歲 52	司歲 47	四告 27		參不韋 092	參不韋 049		五紀 070
司歲 53	司歲 47	四時 02		參不韋 101	參不韋 057		參不韋 002
司歲 53	司歲 48	四時 05		參不韋 111	參不韋 059		參不韋 006

		432	432				
			［爭］				
		敢	呼				
四告 37	參不韋 094	四告 05	四告 04 重見 208	參不韋 123	五紀 086	五紀 055	司歲 54
四告 38	參不韋 095	四告 10			五紀 086	五紀 057	五紀 028
四告 47	參不韋 098	四告 16			五紀 087	五紀 068	五紀 029
	參不韋 101	四告 26			參不韋 006	五紀 069	五紀 030
	四告 30	五紀 080			參不韋 033	五紀 074	五紀 035
	四告 31	參不韋 086			參不韋 048	五紀 086	五紀 049

437	437	435	435	434	434	433	433
［髀］						［叡］	
踔	骨	饔	死	⿰歹翏	殜	叡	⿱宀井
 五紀 082 重見 226	 五紀 083	 司歲 13 重見 211	 四告 38	 行稱 08	 四告 13	 四告 40 重見 348	 四告 13
 五紀 082	 五紀 086		 四告 47	 參不韋 079		 五紀 062	
	 參不韋 019		 四告 48				
			 司歲 01				
			 五紀 071				
			 五紀 119				

438 肺	⿰月⿰木犬	438 肝	438 胃				
五紀093		五紀084	行稱03	五紀090	參不韋040	參不韋068	參不韋071
	五紀084 重見1008	五紀093	五紀025	五紀092	參不韋041	參不韋068	參不韋072
			五紀032	五紀092	參不韋041	參不韋069	參不韋073
			五紀051	五紀093	參不韋054	參不韋069	參不韋074
			五紀051	五紀093	參不韋066	參不韋070	參不韋074
			五紀076	五紀094	參不韋067	參不韋070	參不韋076

438	438	438	438	438	438	438	438
	[背]		[腹]	[股]			
胃	⿰亻⿱不月	肩	⿰月⿱𠂉⿱日夂	⿰月冈	⿰月乚	臘	胙
 參不韋076  參不韋078  參不韋079  參不韋081  參不韋106  參不韋106	 病方02	 病方02  五紀082  五紀082	 參不韋094 重見213  參不韋096	 四告32  五紀093  五紀111	 五紀084	 五紀081  五紀081	 四告09

438	438	438	438	438	438	438	438
[㕣月]	[殸月]	[月頁]	[日脊]	腖	肛	[冃月]	[月菫]
 四告 16	 四時 09  四時 12  四時 13  四時 23  四時 25	 五紀 068	 五紀 084	 五紀 093	 五紀 111	 五紀 111 重見 801	 四告 13 重見 1322

	440	440			440		440
	則	初			利		剴
 五紀 035	 四告 28	 四告 31	 參不韋 115	 行稱 08	 四告 27	 參不韋 068	 參不韋 067
 五紀 059	 四告 29	 五紀 004	 參不韋 115	 五紀 089	 五紀 049	 參不韋 068	 參不韋 067
 五紀 061	 四告 33			 五紀 127	 行稱 04	 參不韋 068	 參不韋 067
 五紀 070	 四告 37			 參不韋 037	 行稱 05	 參不韋 068	 參不韋 067
 五紀 070	 五紀 016			 參不韋 089	 行稱 06		 參不韋 068
 五紀 074	 五紀 022			 參不韋 114	 行稱 07		 參不韋 068

				440	440	440	440
				剛	副	列	剝
 五紀 079	 參不韋 006	 參不韋 117	 參不韋 119	 四告 08	 參不韋 068	 五紀 022	 四告 29
 五紀 103	 參不韋 009	 參不韋 117	 參不韋 119		 參不韋 069	 五紀 071	
 五紀 104	 參不韋 024	 參不韋 118	 參不韋 120			 五紀 097	
 五紀 120	 參不韋 029	 參不韋 118				 參不韋 056	
 五紀 120	 參不韋 114（殘）	 參不韋 118					
 五紀 127	 參不韋 117（殘）	 參不韋 119					

440

罰

四告05

五紀096

五紀097

五紀128

⿱罒刑

參不韋027 重見749

參不韋030

參不韋031

參不韋032

參不韋032

參不韋033

參不韋040

參不韋040

參不韋041

參不韋042

參不韋048

參不韋048

參不韋051

參不韋051(重)

參不韋052

參不韋055

參不韋057

參不韋058

參不韋062

參不韋063

參不韋070

參不韋071

參不韋073

參不韋073

參不韋075

參不韋076

參不韋079

⿱罒型

五紀070 重見749

440

刑

參不韋002

參不韋004(重)

參不韋006

參不韋008

參不韋026

參不韋027

				440	440	440	
				⿰魚刂	⿰朮刂	⿰東刂	
 參不韋 027（重）	 參不韋 040	 參不韋 058	 參不韋 110	 參不韋 072（訛）	 行稱 04	 參不韋 030	⿰叀刀
 參不韋 029	 參不韋 041	 參不韋 062	 參不韋 118			 參不韋 091	 五紀 125 重見 441
 參不韋 030	 參不韋 042	 參不韋 074					
 參不韋 037	 參不韋 049	 參不韋 081（重）					
 參不韋 038（重）	 參不韋 053（殘）	 參不韋 098					
 參不韋 039	 參不韋 057	 參不韋 109					

440	440	441	441	445	445	445	445
						［衡］	
劇	㓞	刃	⿰叀刀	角	⿰片甬	⿱角大	解
 參不韋068	 四告40 重見338	 四告12	 五紀125 重見440	 五紀026	 五紀021	 四時41	 四時14
 參不韋111				 五紀026		 四時42	 四時26
				 五紀078		 五紀063	
				 五紀079		 五紀069	
				 五紀084		 參不韋025	

							445
							⿱亡⿱口⿲月角凡
							 四告40

501	501	501	501		501	501	501
筽	箴	算		笷	⿱竹土	⿱竹憲	⿱竹宮
行稱 05	四告 10	參不韋 018	五紀 009	五紀 002	五紀 054	五紀 055	四時 04 重見 549
五紀 046	四告 45	五紀 002	五紀 016	五紀 079	五紀 078		
五紀 047		五紀 004	五紀 022		五紀 110		
五紀 054		五紀 121	五紀 025				
參不韋 014		五紀 006	五紀 028				
參不韋 083		五紀 009					

					503		502
					［丌］		
					亓		笄
五紀033	司歲13	四時39	四時17	四告48	四告02	其	五紀026
五紀034	行稱03	四時40	四時33	四時04	四告10	四告18	五紀079
五紀037	五紀001	四時41	四時37	四時05	四告23	四告33	五紀084
五紀037	五紀001	四時41	四時37	四時08	四告24	四告46	
五紀041	五紀028	四時42	四時38	四時09	四告43		
五紀042	五紀032	司歲01	四時39	四時12	四告44		

503

［丌］

亓

五紀057
五紀057
五紀063
五紀072
五紀073
五紀073

五紀083
五紀092
五紀108
五紀108
五紀110
五紀110

五紀110
五紀110
五紀110
五紀110
五紀110
五紀111

五紀111
五紀111
五紀111
五紀111
五紀111
參不韋020

參不韋021
參不韋021
參不韋022
參不韋022
參不韋022
參不韋038

參不韋040
參不韋043
參不韋049
參不韋050
參不韋053
參不韋059

參不韋059
參不韋061
參不韋062
參不韋062
參不韋071
參不韋071

參不韋071
參不韋072
參不韋072
參不韋072
參不韋073
參不韋074

504	503	503	503		503		
右	䶀	奠	畀		典		
 四告09  五紀020  五紀081  五紀082  五紀082  五紀082	 五紀120	 四告06  四告34  五紀071	 四告36  五紀058  五紀084  五紀088	 參不韋013  參不韋014  參不韋015	 四告03  四告03  四告08  四告16  四告19  四告31	 參不韋111  參不韋111  參不韋114  參不韋115	 參不韋075  參不韋075  參不韋092  參不韋106  參不韋107  參不韋107

		505	505	504			504
		巨	工	差			右
五紀 097	五紀 045	五紀 005	四告 16	四告 44（重）	五紀 118	五紀 099	五紀 083
五紀 117	五紀 046	五紀 006	四告 20	參不韋 105	參不韋 026	五紀 102	五紀 083
五紀 124	五紀 063	五紀 017	五紀 050			五紀 104	五紀 083
五紀 126	五紀 068	五紀 017	五紀 053			五紀 117	五紀 083（重）
五紀 127	五紀 070	五紀 018				五紀 117	五紀 085
五紀 128	五紀 087	五紀 020				五紀 117	五紀 085

編號	字頭	字形	出處
505	堵		四告20
			四告37
505	亘		四時02
			四時04
			參不韋031
			參不韋032
			參不韋032
			參不韋061
			參不韋081
			參不韋092
			參不韋101
			參不韋101
			參不韋112
			參不韋113
			參不韋122
			參不韋124
505	亙		四告48 重見213
			五紀100
			五紀129
508	甘		五紀029
508	甚		四告34（重）
			五紀043
509	曰		四告40
			四告45
			四告46
			五紀003
			五紀004
			五紀005

509

曰

五紀 009
五紀 009
五紀 009
五紀 009
五紀 010
五紀 010
五紀 010
五紀 011
五紀 011
五紀 011
五紀 012
五紀 012
五紀 013
五紀 016
五紀 017
五紀 017
五紀 018
五紀 019
五紀 019
五紀 021
五紀 025
五紀 026
五紀 028
五紀 028
五紀 028
五紀 028
五紀 028
五紀 028
五紀 028
五紀 028
五紀 029
五紀 029
五紀 029
五紀 029
五紀 029
五紀 029
五紀 029
五紀 029
五紀 029
五紀 030
五紀 031
五紀 031
五紀 034
五紀 036
五紀 037
五紀 037
五紀 038
五紀 038

五紀 038	五紀 041	五紀 046	五紀 047	五紀 050	五紀 056	五紀 060	五紀 061

五紀 039	五紀 041	五紀 046	五紀 047	五紀 050	五紀 059	五紀 061	五紀 061

五紀 039	五紀 042	五紀 047	五紀 047	五紀 051	五紀 059	五紀 061	五紀 061

五紀 040	五紀 042	五紀 047	五紀 047	五紀 052	五紀 060	五紀 061	五紀 062

五紀 040	五紀 046	五紀 047	五紀 050	五紀 052	五紀 060	五紀 061	五紀 063
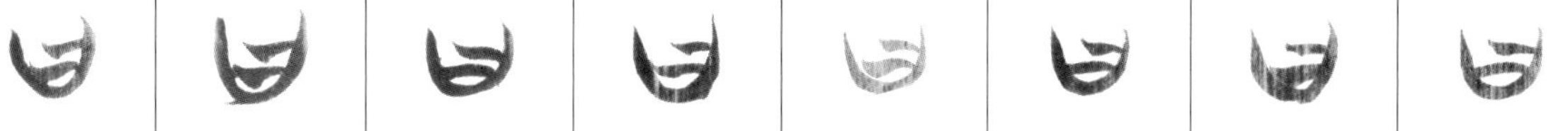							
五紀 040	五紀 046	五紀 047	五紀 050	五紀 056	五紀 060	五紀 061	五紀 064

509

曰

五紀065 五紀088 五紀089 五紀098 五紀105 五紀118 五紀122 五紀125

五紀066 五紀088 五紀089 五紀100 五紀109 五紀119 五紀122 五紀128

五紀067 五紀088 五紀089 五紀100 五紀116 五紀119 五紀123 五紀129

五紀068 五紀089 五紀089 五紀100 五紀116 五紀119 五紀123 五紀129

五紀072 五紀089 五紀090 五紀101 五紀116 五紀119 五紀125 參不韋001

五紀088 五紀089 五紀090 五紀102 五紀118 五紀122 五紀125 參不韋007

509	509						
暜	曷						
五紀128	四告35	參不韋112	參不韋082	參不韋067	參不韋049	參不韋028	參不韋024
	四時22	參不韋116	參不韋086	參不韋069	參不韋052	參不韋032	參不韋024
		參不韋119	參不韋087	參不韋070	參不韋058	參不韋036	參不韋025
		參不韋122	參不韋102	參不韋077	參不韋059	參不韋039	參不韋025
		參不韋122	參不韋105	參不韋079	參不韋064	參不韋043	參不韋025
			參不韋110	參不韋080	參不韋066	參不韋046	參不韋025

510

乃

四告18	四時02	四時08	四時11	四時14	四時22	四時35	四時38
四告40	四時03	四時08	四時11	四時14	四時23	四時35	四時39
四告43	四時03	四時08	四時12	四時15	四時24	四時37	四時39
四告47	四時04	四時09	四時12	四時20	四時28	四時37	四時40
四時02	四時05	四時10	四時12	四時20	四時28	四時37	四時40
四時02	四時07	四時10	四時13	四時20	四時28	四時38	四時41

四時41
四時42
四時42
四時43
司歲13
五紀001

五紀001
五紀002
五紀003
五紀003
五紀055
五紀058

五紀058
五紀059
五紀059
五紀067
五紀071
五紀071

五紀075
五紀076
五紀077
五紀078
五紀099
五紀099

五紀099
五紀099
五紀100
五紀102
五紀102
五紀103

五紀103
五紀103
五紀104
五紀106
五紀106
五紀107

五紀107
五紀108
五紀109
參不韋002
參不韋004
參不韋004

參不韋004
參不韋005
參不韋006
參不韋007
參不韋009
參不韋010

							510
							乃
參不韋 053	參不韋 047	參不韋 042	參不韋 030	參不韋 026	參不韋 022	參不韋 018	參不韋 012
參不韋 054	參不韋 047	參不韋 043	參不韋 031	參不韋 028	參不韋 022	參不韋 018	參不韋 012
參不韋 055	參不韋 048	參不韋 045	參不韋 032	參不韋 028	參不韋 022	參不韋 019	參不韋 013
參不韋 056	參不韋 049	參不韋 046	參不韋 032	參不韋 028	參不韋 024	參不韋 020	參不韋 015
參不韋 056	參不韋 050	參不韋 046	參不韋 039	參不韋 029	參不韋 025	參不韋 021	參不韋 017
參不韋 056	參不韋 050	參不韋 047	參不韋 040	參不韋 029	參不韋 026	參不韋 021	參不韋 018

參不韋 091	參不韋 088	參不韋 085	參不韋 083	參不韋 077	參不韋 063	參不韋 060	參不韋 056
參不韋 093	參不韋 088	參不韋 086	參不韋 083	參不韋 079	參不韋 063	參不韋 061	參不韋 057
參不韋 093	參不韋 088	參不韋 086	參不韋 084	參不韋 079	參不韋 063	參不韋 061	參不韋 058
參不韋 095	參不韋 090	參不韋 086	參不韋 084	參不韋 080	參不韋 064	參不韋 061	參不韋 058
參不韋 096	參不韋 090	參不韋 087	參不韋 084	參不韋 081	參不韋 064	參不韋 062	參不韋 058
參不韋 096	參不韋 091	參不韋 087	參不韋 085	參不韋 082	參不韋 065	參不韋 062	參不韋 059

510 乃

參不韋 097
參不韋 098
參不韋 099
參不韋 101
參不韋 101
參不韋 102
參不韋 103
參不韋 103
參不韋 104
參不韋 104
參不韋 104
參不韋 107
參不韋 107
參不韋 108
參不韋 109
參不韋 109
參不韋 110
參不韋 111
參不韋 111
參不韋 115
參不韋 115
參不韋 120
參不韋 120
參不韋 121
參不韋 122
參不韋 122

510 廼

四告 03
四告 04
四告 06
五紀 106
五紀 107

511 丂

參不韋 035

512 可

行稱 03
行稱 04
參不韋 052
參不韋 069
參不韋 069
參不韋 070

參不韋070
參不韋121
參不韋122

515
于

四告04
四告05
四告07
四告08
四告19
四告20

四告20
四告21
四告21
四告21
四告22
四告26

四告26
四告27
四告28
四告29
四告29
四告31

四告32
四告36
四告42
四告42
四告43
四告43

四告44
四告45
四告46
四告49
四時09
四時13

四時17
四時18
四時23
四時27
四時32
四時35

四時35
四時36
四時36
四時38
五紀001
五紀004

519	517	516		516			515
［鼓］	［憙］						
鼓	憙	眛		旨			于
 五紀 111	 行稱 09 重見 1039	 參不韋 090 重見 208	 五紀 067	 五紀 050	 五紀 108	 五紀 062	 五紀 055
	 行稱 09		 五紀 093	 五紀 050	 五紀 112	 五紀 062	 五紀 058
	 行稱 09		 五紀 107	 五紀 066	 五紀 115	 五紀 071	 五紀 059
	 行稱 10		 五紀 125	 五紀 066	 五紀 115	 五紀 071	 五紀 059
	 五紀 112		 參不韋 058	 五紀 067		 五紀 102	 五紀 060
			 參不韋 079	 五紀 067		 五紀 106	 五紀 061

521	521				521	521	521
［豆］							
⿰豆豆	梪				壴	⿰豆瓜	⿺辶⿰豆豆
 參不韋079	 五紀038 重見601  五紀038  五紀098  五紀098  五紀103	⿱木豆  四告42 重見601  五紀082  五紀082  五紀082  五紀083	 五紀097	⿰木壴  五紀020（重） 重見601  五紀020（重）	 四告49	 病方02 重見737	 四時04 重見1035

522

豐

四告 19

五紀 006

五紀 006

五紀 007

五紀 009

五紀 010

五紀 011

五紀 011

五紀 011

五紀 012

五紀 012（重）

五紀 017

五紀 018

五紀 019

五紀 019

五紀 022

五紀 023

五紀 025

五紀 119

五紀 121

五紀 122（重）

五紀 124

五紀 129

五紀 020

五紀 039

五紀 051

五紀 059

五紀 061

五紀 061

參不韋 014

五紀 045

五紀 046

五紀 047

五紀 062

五紀 075

五紀 088

五紀 051

五紀 053

五紀 059

523

豐

四告 03

四時 11

參不韋 033

	525	525	525	525	525	525	524
	⿸虍幸	⿸虍嘉	虡	虖	⿸虍复	虘	䖒
⿰韋⿸虍又	 行稱07	 四告22	 四告17	 五紀075	 司歲14 重見332	 司歲14	 五紀001
 參不韋035 重見1028	 參不韋011					 五紀021	

525	525	525	526		526		
虛	膚	[illegible]	虎		虐		
參不韋 010	五紀 031 重見 407	五紀 032 重見 1448	四告 05	四告 45	四告 02	五紀 038	五紀 040
			四告 26	五紀 072	四告 04	五紀 038	五紀 040
			四告 29	參不韋 118	四告 42	五紀 038	五紀 041
			四告 38		五紀 037	五紀 039	五紀 041
			四告 40		五紀 037	五紀 039	五紀 042
			四告 40		五紀 037	五紀 040	五紀 052

528	528	526	526	526	526		
［盈］							
⿱浧皿	盛	⿸虍埶	⿰㡭虎	⿸虍朱	⿸虍壬		
五紀 072 參不韋 045 參不韋 048	參不韋 049	四時 20	四告 42	四告 03	五紀 056 五紀 057	五紀 107 五紀 115 五紀 116 五紀 117 參不韋 118	五紀 059 五紀 099 五紀 100 五紀 100 五紀 100 五紀 104

531	531	530	528	528	528	528	528
卹	血	去	[illegible]	[illegible]	[illegible]	盥	[illegible]
 四告44	 四告01  四告38	 四告23	 五紀071 重見1002	 參不韋080	 五紀029  五紀033  五紀060  五紀076  五紀089	 四時10 重見811	 四告01  四告07

531		531	531	532	533	534	
盍		⿰寅血	⿰血夬	主	丹	青	
 四告04（重）	 參不韋096	 五紀033	 五紀036	 五紀042	 五紀108	 四時02	 四時11
 五紀100				 五紀065		 四時02	 四時11
 五紀120				 五紀066		 四時05	 四時12
 五紀120				 五紀068		 四時07	 四時15
 參不韋046				 五紀084		 四時08	 四時17
 參不韋060				 五紀086		 四時09	 四時17

534				534	535		536
青				靜	井		即
四時18	四時27	五紀018	五紀127	四告35	四告27	丼	四告07
四時20	四時28	五紀018			四告33	四時13	參不韋094
四時20	四時32	五紀022				四時22	
四時23	四時34	五紀032				四時22	
四時25	五紀002	五紀066					
四時25	五紀006	五紀066					

536				537	538	538	538
既				鬯	饔	餋	飤
 五紀 002	 五紀 098	 五紀 125	餥	 四告 16	 四告 23	 五紀 077	 五紀 057
 五紀 045	 五紀 099	 參不韋 108	 四告 23				 五紀 057
 五紀 062	 五紀 099	 參不韋 122					 五紀 061
 五紀 069	 五紀 099						 五紀 089
 五紀 071	 五紀 099						 參不韋 002
 五紀 086	 五紀 109						 參不韋 005

539			539	538	538	538	538
			[合]			[饗]	
僉			𠓛	飠乞	餋	卿	飤
 五紀077	 五紀025	 行稱01	 四告21	 四時29	 四告40	 四告38 重見918	 參不韋099（殘）
	 五紀032	 行稱08	 四時01			 五紀045	
	 五紀037	 行稱10	 四時07				
	 五紀046	 五紀013	 四時13				
	 五紀108	 五紀017	 四時17				
		 五紀019	 四時27				

539	539	539	540	541	542		
侖	今	[illegible]	會	倉	內		
 五紀 018	 四告 17	 四告 16 重見 1422	 四告 10	 四告 09	 四時 02	 四時 17	 四時 33
 五紀 004	 四告 18		 五紀 068	 五紀 021	 四時 05	 四時 18	 司歲 13
 五紀 038	 四告 31		 五紀 070	 五紀 037	 四時 07	 四時 20	 行稱 01
 五紀 062	 四告 42		 五紀 074		 四時 10	 四時 23	 行稱 02
	 四告 46		 五紀 094		 四時 10	 四時 25	 參不韋 010
					 四時 13	 四時 30	 參不韋 011

	545	544	544	544			542
	高	⿰矢圭	⿱自矢	矦			內
五紀 080	四時 33	參不韋 065（殘）	四告 12	四告 06	參不韋 117	參不韋 071	參不韋 053
五紀 105	五紀 008		四告 47	四告 10		參不韋 073	參不韋 055
五紀 105	五紀 023			四告 18		參不韋 076	參不韋 066
五紀 109	五紀 031			五紀 111		參不韋 076	參不韋 068
參不韋 036	五紀 037			五紀 112		參不韋 079	參不韋 069
參不韋 037	五紀 046					參不韋 097	參不韋 070

	546				546		
	尢				央		
參不韋 084	五紀 019	五紀 038	五紀 098	五紀 116	五紀 055	參不韋 054	參不韋 107
參不韋 088	五紀 019	五紀 082	五紀 102		五紀 071	參不韋 058	參不韋 122
參不韋 103	五紀 019	五紀 082	五紀 102		五紀 095	參不韋 078	參不韋 123
參不韋 104	五紀 020	五紀 082	五紀 103（重）		參不韋 033	參不韋 093	參不韋 123
參不韋 104	五紀 026	五紀 082	五紀 103		參不韋 046	參不韋 107	
參不韋 111	五紀 038	五紀 097	五紀 115		參不韋 053	參不韋 107	

547	547	547	549		549	549	551
亶	[亶蟲]	[亶戉]	亯		𦎫	[竹亯]	畐
 參不韋 010	 四時 05  四時 14	 參不韋 010	 四告 01  四告 14  五紀 044  五紀 055  五紀 107  五紀 112	 參不韋 116	 司歲 05  司歲 10	 四時 04 重見 501  四時 09  四時 12  四時 17  四時 33	 五紀 061

551		554	556				
		［來］	［夏］				
良		麥	虽				
 四告 09	 五紀 123	 四告 42 重見 213	 五紀 029 重見 701	 參不韋 092	題	 四時 38	頣
 五紀 049		 四告 46	 五紀 043	 參不韋 113	 四告 11 重見 701	 四時 39	 四時 42 重見 701
 五紀 084		 五紀 012	 五紀 063		 四時 09		
 五紀 094		 五紀 129	 五紀 069		 四時 13		
 五紀 095		 參不韋 095	 五紀 088		 四時 17		
 五紀 121			 參不韋 013		 四時 38		

559

韋

四告 12

五紀 095

五紀 106

五紀 108

五紀 115

五紀 117

參不韋 001

參不韋 003

參不韋 004

參不韋 006

參不韋 007

參不韋 019

參不韋 020

參不韋 020

參不韋 023

參不韋 024

參不韋 028

參不韋 032

參不韋 036

參不韋 039

參不韋 043

參不韋 045

參不韋 049

參不韋 052

參不韋 058

參不韋 059

參不韋 064

參不韋 066

參不韋 067

參不韋 069

參不韋 070

參不韋 077

參不韋 079

參不韋 080

參不韋 082

參不韋 082

參不韋 086

參不韋 100

參不韋 102

參不韋 105

參不韋 110

參不韋 112

參不韋 116

參不韋 119

參不韋 121

參不韋 122

563	563	561	560	559
𡕒	𡕝	夃	弟	韍
 五紀 097 重見 1035	 四告 18	 五紀 082  五紀 083	 四告 09	 五紀 030

601		601	601	601	601	601	601
		［櫨］					
木		櫖	栒	枋	枳	權	桐
 四時04  四時05  四時22  四時34  五紀033  五紀045	 參不韋034	 參不韋116	 四時20  四時21  四時31	 五紀013  五紀018  五紀100	 五紀073  五紀092	 五紀063  參不韋111	 四告42

601					601	601	601
					［本］		
某					梟	朱	末
五紀 039	五紀 042	參不韋 093	參不韋 095	參不韋 101	五紀 026 重見 729	四時 19	參不韋 019
五紀 040	參不韋 086（重）	參不韋 093	參不韋 096	參不韋 101	五紀 079		參不韋 021
五紀 040	參不韋 086	參不韋 094	參不韋 097				參不韋 021
五紀 041	參不韋 087	參不韋 095	參不韋 097				參不韋 021
五紀 041	參不韋 089	參不韋 095	參不韋 098				參不韋 028
五紀 041	參不韋 089	參不韋 095	參不韋 099				參不韋 049

	601	601	601	601	601	601	601
						［枉］	
	植	櫰	材	柔	格	桂	果
檍	 五紀 013	 五紀 064	 五紀 033	 司歲 14	 四時 26	 五紀 119	 五紀 122
 五紀 005			 五紀 034	 五紀 060			 五紀 123
 五紀 006				 五紀 074			 五紀 124
 五紀 085				 參不韋 119			 參不韋 082
 五紀 121							

601	601	601	601	601	601	601	601
櫰	[木甫]	休	[业木]	橫	樂	椯	桱
 四告42	 四告09  五紀001  五紀017	 四告23  五紀016	 五紀073  五紀106  五紀108	 五紀116	 五紀075	 五紀106	 參不韋038

601	601			601	601	601	601
美	酋			桾	栓	榴	柬
 四時 14	 司歲 02 重見 1448  司歲 04  司歲 05  司歲 05  司歲 06  司歲 07	 司歲 08  司歲 09  司歲 10  司歲 11  司歲 12	卣  司歲 03 重見 1448  五紀 021  五紀 029	 五紀 093	 參不韋 041	 參不韋 087	 五紀 072 （重） 重見 323

		602	601	601	601	601	601
		東	𣗳	壴	梪	杋	臬
 五紀072	 四時41	 四時02	 五紀020（重） 重見521	 四告42 重見521	 五紀038 重見521	 五紀016 重見330	 四時01 重見323
 五紀082	 五紀019	 四時03					
 五紀082	 五紀020（重）	 四時04					
 五紀083	 五紀039	 四時22					
 五紀085	 五紀060	 四時23					
 參不韋037	 五紀062	 四時40					

602	602	603	604				
東	⿱午㯥	𣏟	才				
參不韋088	五紀078	四告37	四告05	五紀017	四告46	參不韋035	參不韋042
	五紀101		四告05	五紀058	行稱10	參不韋037	參不韋050
			四告28	五紀091	四告32	參不韋040	參不韋053
			四告37	五紀128	四告35	參不韋041	參不韋076
			四告37	五紀130	參不韋020	參不韋041	參不韋080
			四時20	四告42	參不韋024	參不韋042	參不韋081

	604	604	605	606			
	⿰才匕	⿱才夫	桑	之			
 參不韋 082	 參不韋 015	 參不韋 055	 四告 42	 四告 01	 四告 19	 四告 33	 四告 43
 參不韋 102	 參不韋 016			 四告 01	 四告 20	 四告 33	 四告 46
	 參不韋 061			 四告 02	 四告 29	 四告 34	 四告 46
				 四告 08	 四告 31	 四告 35	 四告 48
				 四告 12	 四告 31	 四告 36	 四告 48
				 四告 17	 四告 33	 四告 37	 四告 48

606

之

四告49
四時01
四時01
四時04
四時05
四時10
四時10
四時11
四時16
四時35
四時35
四時35
四時37
四時37
四時37
四時37
四時39
司歲01
司歲02
司歲03
司歲14
司歲14
司歲14
行稱01
行稱01
行稱04
行稱04
行稱05
行稱06
行稱08
行稱08
行稱09
行稱10
病方02
病方02
病方02
病方03
五紀004
五紀004
五紀005
五紀005
五紀005
五紀006
五紀006
五紀007
五紀007
五紀010
五紀010

五紀 021　五紀 032　五紀 034　五紀 035　五紀 036　五紀 046　五紀 051　五紀 057

五紀 028　五紀 032　五紀 034　五紀 035　五紀 036　五紀 048　五紀 051　五紀 057

五紀 028　五紀 032　五紀 034　五紀 036　五紀 036　五紀 049　五紀 051　五紀 058

五紀 031　五紀 033　五紀 034　五紀 036　五紀 037　五紀 049　五紀 054　五紀 063

五紀 031　五紀 034　五紀 034　五紀 036　五紀 037　五紀 051　五紀 056　五紀 064

五紀 031　五紀 034　五紀 035　五紀 036　五紀 042　五紀 051　五紀 056　五紀 064

606

之

五紀 064
五紀 064
五紀 065
五紀 065
五紀 066
五紀 066

五紀 066
五紀 066
五紀 067
五紀 067
五紀 068
五紀 071

五紀 079
五紀 080
五紀 081
五紀 082
五紀 083
五紀 084

五紀 085
五紀 085
五紀 085
五紀 091
五紀 091
五紀 093

五紀 095
五紀 095
五紀 095
五紀 096
五紀 097
五紀 098

五紀 103
五紀 106
五紀 108
五紀 108
五紀 109
五紀 118

五紀 119
五紀 119
五紀 120
五紀 121
五紀 121
五紀 125

五紀 125
五紀 125
五紀 127
五紀 129
五紀 130
參不韋 002

參不韋 002
參不韋 003
參不韋 003
參不韋 004
參不韋 004
參不韋 006

參不韋 006
參不韋 008
參不韋 009
參不韋 010
參不韋 011
參不韋 011

參不韋 012
參不韋 013（殘）
參不韋 013
參不韋 014
參不韋 015
參不韋 016

參不韋 017
參不韋 018
參不韋 019
參不韋 020
參不韋 020
參不韋 020

參不韋 020
參不韋 022
參不韋 023
參不韋 023
參不韋 023
參不韋 029

參不韋 030
參不韋 032
參不韋 033
參不韋 033
參不韋 033
參不韋 034

參不韋 036
參不韋 036
參不韋 039
參不韋 043
參不韋 043
參不韋 044

參不韋 045
參不韋 046
參不韋 047
參不韋 048
參不韋 049
參不韋 050

606

之

參不韋 050
參不韋 050
參不韋 051
參不韋 053
參不韋 053
參不韋 054
參不韋 055
參不韋 055
參不韋 058
參不韋 058
參不韋 059
參不韋 060
參不韋 060
參不韋 061
參不韋 063
參不韋 069
參不韋 069
參不韋 070
參不韋 070
參不韋 071
參不韋 073
參不韋 074
參不韋 075
參不韋 081
參不韋 081
參不韋 082
參不韋 084
參不韋 084
參不韋 086
參不韋 087
參不韋 089
參不韋 092
參不韋 093
參不韋 093
參不韋 094
參不韋 095
參不韋 096
參不韋 097
參不韋 097
參不韋 098
參不韋 098
參不韋 099
參不韋 101
參不韋 102
參不韋 102
參不韋 106
參不韋 107
參不韋 108

				606	606	606	607
				⿱之止	⿱之土	⿱之立	帀
 參不韋 109	 參不韋 113	 參不韋 120	 參不韋 123	 四告 42 重見 213	 四告 28	 四告 07 重見 1035	 四告 10
 參不韋 109	 參不韋 114	 參不韋 121					 四告 13
 參不韋 110	 參不韋 115	 參不韋 121					 五紀 060
 參不韋 111	 參不韋 116	 參不韋 121					 五紀 112
 參不韋 112	 參不韋 116	 參不韋 123					 參不韋 012
 參不韋 112	 參不韋 120	 參不韋 123					 參不韋 014

		609	609	609	609		608
		南	𣎵	孛	索		出
 五紀 020	 四時 25	 四時 03	 四時 10	 四告 07	 四時 26	 五紀 091	 四告 07
 五紀 020	 四時 30	 四時 07	 五紀 076		 五紀 016	 五紀 124	 四告 18
 五紀 023	 四時 30	 四時 10					 四時 35
 五紀 026	 四時 31	 四時 12					 司歲 13
 五紀 027	 四時 32	 四時 13					 五紀 062
 五紀 039	 五紀 019	 四時 14					 五紀 062

			610		610		
			生		丰		
 五紀 041	 五紀 082	 參不韋 037	 四時 04	 五紀 034	 司歲 01	 司歲 07	 司歲 12
 五紀 060	 五紀 083	 參不韋 088	 四時 05	 五紀 044	 司歲 02	 司歲 08	 司歲 13
 五紀 062	 五紀 083		 五紀 028	 五紀 052	 司歲 03	 司歲 09	
 五紀 065	 五紀 084		 五紀 030	 五紀 074	 司歲 04	 司歲 09	
 五紀 065	 五紀 085		 五紀 031	 五紀 079	 司歲 05	 司歲 10	
 五紀 072	 五紀 086		 五紀 032		 司歲 06	 司歲 11	

618				618	614	610	610
					［萼］		
⿰桼肙				桼	芋	掬	⿰豸生
 四告01	榛	 參不韋051	 參不韋019	 五紀031	 四時08 重見112	 四告18	 五紀060
	 參不韋119	 參不韋051	 參不韋026	 五紀072	 參不韋068		
		 參不韋051（重）	 參不韋027	 五紀073			
		 參不韋051	 參不韋028	 五紀086			
		 參不韋053	 參不韋040	 五紀092			
		 參不韋057	 參不韋050	 五紀094			

619	620	620	621	621		621	621
	［棗］						
刺	⿷匚氏	棗	回	圖		因	図
 四告 17  參不韋 061	 參不韋 046 重見 621	 五紀 111	 五紀 112	 四告 31	⿴囗⿱者心  參不韋 021	 五紀 016	 五紀 106  五紀 115  五紀 117  五紀 120

621	621	621	621	621	621	621	622
固	困	⿴囗馬	⿴囗⿰亯舟	⿴囗酒	⿴囗戠	⿴囗氏	員
 五紀 088	 司歲 10	 四告 26	 四告 32	 五紀 035	 參不韋 035	 參不韋 046 重見 620	 五紀 005
 五紀 124				 五紀 047			 五紀 006
 參不韋 008				 五紀 076			 五紀 013
 參不韋 066				 參不韋 025			 五紀 013
							 五紀 017
							 五紀 042

623	623	623	623	623	623	623	
		［贛］					
賓	賜	贛	資	賹	貨	財	
 四時04  四時05  四時06  四時06  四時06  四時07	 四告22	 四告23	 行稱07	 五紀052	 行稱07	 五紀129	 五紀100

623	623	623	623	623	623	623	623
	［贖］						
賓	賗	賈	賤	貧	貴	助	眗
 四時08	 參不韋094	 參不韋015	 五紀031	 參不韋088	 行稱05	 五紀057	 參不韋018
 四時09		 參不韋016			 五紀031		
 五紀049		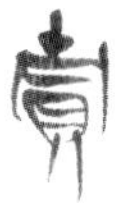 參不韋016			 五紀129		
 五紀075							
 五紀115							

623	623		623	623	624	624	
贊	䝠		寳	寶	邑	邦	
 參不韋022	 參不韋067	䝠	 五紀121 重見739	 行稱07 重見739	 四告06	 四告06	 四告26
		 參不韋087			 五紀078	 四告08	 四告36
					 五紀112	 四告08	 四時38
					 參不韋039	 四告10	 司歲13
						 四告10	 五紀044
						 四告13	 五紀045

624		624	624				
邦		都	郢				
 五紀 098  五紀 112  五紀 121  參不韋 008  參不韋 010  參不韋 014	 參不韋 096  參不韋 097	 四時 18	 行稱 07				

701 日

四告07
四告10
四告42
四時01
四時02
四時02
四時03
四時03
四時03
四時04
四時04
四時04
四時05
四時05
四時05
四時06（重）
四時06
四時06
四時07
四時07
四時08
四時09
四時09
四時09
四時10
四時11
四時12
四時12
四時13
四時13
四時14
四時15
四時15
四時15
四時15
四時16
四時16
四時16
四時17
四時18
四時19
四時19
四時20
四時20
四時21
四時21
四時22
四時22

701

日

四時23
四時24（重）
四時24（殘）
四時24
四時25
四時26

四時26
四時27
四時27
四時28
四時29
四時29

四時29
四時30
四時31
四時32
四時32
四時32

四時33
四時33
四時34
四時34
四時35
四時36

四時37
四時37
四時37
四時43
司歲14
行稱01

行稱01
行稱01
行稱02
行稱02
行稱02
行稱02

行稱02
行稱03
行稱03
行稱03
行稱03
行稱03

行稱04
行稱08
行稱09
行稱10
五紀002
五紀003

701

時

五紀004
五紀007
五紀016
五紀021
五紀034
五紀036

五紀037
五紀037
五紀039
五紀040
五紀040
五紀041

五紀041
五紀041
五紀042
五紀043
五紀062
五紀063

五紀064
五紀067
五紀069
五紀081
五紀092
五紀119

參不韋032
參不韋032
參不韋043
參不韋043
參不韋080
參不韋095

參不韋105
參不韋113

四時06

旹

五紀053
五紀054（重）
五紀070

701	701				701	701	701
晉	昏				晦	早	暑
五紀116	四時14	四時18	四時26	四時31	五紀038	司歲01	四時17
五紀118	四時14	四時18	四時26	四時33	五紀073		四時19
	四時14	四時21	四時29	五紀007			
	四時15	四時23	四時30	五紀023			
	四時15	四時23	四時31	五紀034			
	四時17	四時25	四時31	五紀081			

	701	701	701	701	701		701
	㫷	[illegible]	昔	暴	㬎		[illegible]
昪  五紀 063  五紀 111	 參不韋 045	 四告 10	 五紀 001  參不韋 001  參不韋 086  參不韋 110	 參不韋 079	 四告 16	 參不韋 113  五紀 005  五紀 030  五紀 094	 四時 19  四時 23  四時 35  參不韋 042  參不韋 080  參不韋 092

701	701		701	701	701	701	701
暓	旹		⿰幾日?	⿱日垂?	顯	顯	星
 五紀 121	 四時 02 重見 112	戠  五紀 090	 參不韋 019 重見 427	 五紀 029 重見 556	 四告 11 重見 556	 四時 42 重見 556	 四時 08 重見 706

		702	701	701	701	701	701
		旦	⿱癶日	⿱夂日	昊	⿰⿱日灬犬	⿰日朮
 四時22	 四時16	 四時11	 四時01 重見1435	 四時27 重見1112	 五紀007 重見1032	 五紀016 重見723	 四時25 重見723
 四時22	 四時18	 四時12					
 四時22	 四時19	 四時13					
 四時24	 四時19	 四時14					
 四時24	 四時19	 四時16					
 四時25	 四時21	 四時16					

702		703	703	704	704	705	705
						[冥]	
旦		倝	朝	旗	族	昗	⿱罒昗
 四時25	 四時31	 五紀001	 四告06	 四告23	 四告46	 參不韋095	 參不韋047 重見749
 四時26	 四時32				 五紀031		 參不韋102
 四時27	 四時32				 五紀047		
 四時27	 四時34						
 四時29	 四時34						
 四時29							

706	706					706	
	［曐］						
晶	星					參	
行稱08	四時08 重見701	四時32	五紀024	五紀066	參不韋080	五紀002	五紀062
五紀062	四時10	四時33	五紀025	五紀067	參不韋105	五紀017	五紀077
	四時11	五紀003	五紀025	五紀075	參不韋113	五紀019	五紀088
	四時18	五紀008	五紀036	五紀080		五紀021	五紀104
	四時23	五紀016	五紀041	五紀084		五紀026	五紀123
	四時26	五紀021	五紀043	參不韋045		五紀048	五紀128

	706						706
	［曟］						
	[illegible]						參
四時 42	四告 18 重見 1443	參不韋 112	參不韋 080	參不韋 066	參不韋 049	參不韋 024	參不韋 001
四時 43	四告 21	參不韋 112	參不韋 082	參不韋 067	參不韋 049	參不韋 027	參不韋 003
司歲 01	四告 22	參不韋 116	參不韋 083	參不韋 069	參不韋 052	參不韋 032	參不韋 004
司歲 01	四時 09	參不韋 116	參不韋 102	參不韋 070	參不韋 058	參不韋 036	參不韋 006
司歲 02	四時 17	參不韋 119	參不韋 105	參不韋 077	參不韋 059	參不韋 039	參不韋 007
司歲 02	四時 33	參不韋 122	參不韋 110	參不韋 079	參不韋 064	參不韋 042	參不韋 019

						706	707
						鼎	月
司歲03	司歲08	五紀003	五紀037	五紀043	五紀119（重）	五紀025 重見1442	四告18
司歲04	司歲09	五紀016	五紀039	五紀044	參不韋044	五紀077	四時01
司歲04	司歲10	五紀020	五紀039	五紀083	參不韋045		四時02
司歲06	司歲11	五紀021	五紀040	五紀085	參不韋080		四時05
司歲07	司歲12	五紀029	五紀040	五紀092	參不韋105		四時06
司歲08	司歲12	五紀036	五紀041	五紀117	參不韋113		四時07

707

月

四時 10
四時 10
四時 13
四時 13
四時 17
四時 20
四時 23
四時 24（重）
四時 25
四時 30
四時 33
四時 35
四時 35（重）
四時 35（重）
四時 36
四時 37
四時 37（重）
四時 38（重）
四時 38（重）
四時 39（重）
四時 40（重）
四時 40（重）
四時 41（重）
四時 41（重）
四時 42（重）
司歲 13
行稱 01
行稱 01
行稱 01
行稱 02
行稱 08（重）
五紀 003
五紀 007
五紀 016
五紀 021
五紀 024
五紀 035
五紀 062
五紀 064
五紀 064
五紀 067
五紀 080
五紀 119
參不韋 032
參不韋 032
參不韋 043
參不韋 080
參不韋 105

	707	707	707	707	708		
	朔	枂	眀	[illegible]	有		
 參不韋 113	 四時 07	 司歲 01	 五紀 055	 參不韋 013	 四告 19	 參不韋 007	 參不韋 028
	 四時 09		 五紀 109		 五紀 095	 參不韋 018	 參不韋 028
	 行稱 01				 參不韋 001	 參不韋 018	 參不韋 029
	 五紀 073				 參不韋 002	 參不韋 022	 參不韋 029
	 參不韋 013				 參不韋 002	 參不韋 027	 參不韋 029
					 參不韋 005	 參不韋 027	 參不韋 030

708 有					709 明		

參不韋037	參不韋073	參不韋086	參不韋102	參不韋111	四告01	四告20	四時17（重）

參不韋038	參不韋073	參不韋092	參不韋103	參不韋114	四告03	四告26	四時18

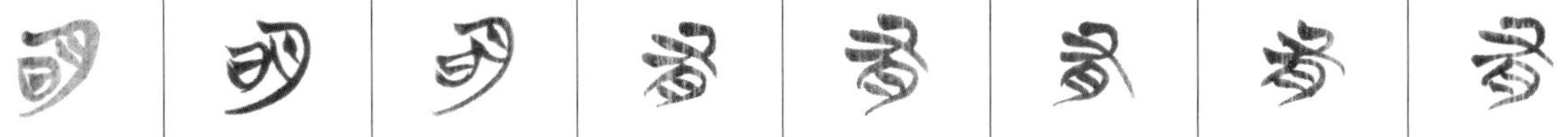

參不韋045	參不韋075	參不韋093	參不韋107	參不韋114	四告05	四告27	四時26

參不韋054	參不韋076	參不韋094	參不韋109	參不韋122	四告07	四告38	四時26

參不韋055	參不韋076	參不韋095	參不韋110		四告12	四告49	四時33

參不韋071	參不韋082	參不韋097	參不韋111		四告16	四時01	行稱02

行稱02

行稱02

行稱03

行稱03

709

盟

四時41

五紀024

五紀036

五紀046

五紀054

五紀080

五紀087

五紀093

五紀116

五紀117

五紀118（重）

五紀124

五紀125

五紀126

參不韋023

參不韋025

參不韋050

參不韋075

參不韋090

參不韋094

參不韋098

參不韋100

參不韋106

五紀003（重）

五紀008

五紀008

五紀024

五紀034

五紀036

五紀043

五紀047

五紀055

五紀062（重）

五紀062

五紀064

五紀064

五紀074

五紀076

五紀080

五紀104

五紀119（重）

五紀121

711			711	711	711		709
［夙］							
佰			外	夜	夕		盈
 四時01 重見801  五紀050  五紀052  五紀053	 參不韋097	 參不韋072  參不韋074  參不韋075  參不韋076  參不韋076  參不韋078	 參不韋053  參不韋056  參不韋067  參不韋068  參不韋070  參不韋070	 四告32  五紀070  五紀110	 四告42  行稱01	盟  參不韋004  參不韋018	 五紀122  五紀129

717	716			714		712	
齊	卤			甬		多	⿱夕女
五紀050 五紀052 參不韋049 參不韋019	四告21 四告22 四告42 四告42	參不韋119	參不韋005 參不韋008 參不韋089 參不韋098 參不韋116 參不韋117	四告09 四告10 四告11 四告46 五紀059 參不韋001	參不韋059	四告06 四告23 四告28 四告31 五紀053 五紀055	四告32 重見1213

718	718	721	722	723		723	723
束	棘	克	彔	禾		穜	穖
 五紀 080	 四告 42	 四告 26	 五紀 008	 五紀 009	 五紀 121	 行稱 06	 五紀 110
 五紀 101		 四告 27	 五紀 024	 五紀 009	 五紀 125		
		 四告 34	 五紀 035	 五紀 022	 五紀 130		
		 四告 49	 五紀 068	 五紀 022			
		 參不韋 023	 五紀 080	 五紀 028			
				 五紀 069			

			723	723	723	723	723
			［秋］		［穅］	［稷］	
			⿰日禾	年	康	稷	穆
 五紀 063	⿰見禾	 參不韋 112	 四時 25 重見 701	 四告 18	 四告 21	 參不韋 096	 四時 20
 五紀 069	 五紀 016 重見 701		 四時 39	 四告 49	 四告 24		 四時 23
 五紀 078	 五紀 029		 四時 40	 五紀 078	 參不韋 117		 四時 25
 五紀 088	 五紀 043		 四時 40				 四時 39
	 五紀 049		 參不韋 013				 司歲 14
	 五紀 053		 參不韋 092				 司歲 14

726	726	727	727	727	727	727	727
		[氣]					
香	⿰香云	⿱既火	糞	⿰米交	⿰米敫	⿰米益	粳
 四告 01  四告 38  五紀 050  五紀 050  五紀 060  五紀 060	 四告 01  四告 38	 四時 02 重見 1013	 四告 36 重見 424	 五紀 008  五紀 036	 五紀 057	 五紀 089	 五紀 089

	730	730	729	729	729	729	729
	兇	凶	臬	釁	臽	臿	舂
 參不韋 045  參不韋 050  參不韋 053  參不韋 054  參不韋 055  參不韋 058	 參不韋 006  參不韋 024  參不韋 031  參不韋 037  參不韋 039  參不韋 042	 五紀 071  五紀 074	 五紀 026 重見 601	 四告 09 重見 225	 五紀 116 重見 225	 四時 01	 四時 35

730	732	733	733	735		736	737
兇	林	麻	磨	耑		韭	瓠
 參不韋 059  參不韋 061  參不韋 080  參不韋 082  參不韋 102  參不韋 121	 五紀 104	 四時 01	 五紀 099 重見 934	 五紀 008  五紀 024  五紀 031  五紀 036  五紀 043  五紀 086	 五紀 108  五紀 108  五紀 128  參不韋 082  五紀 099	 五紀 110	 病方 02 重見 521

739				739			
				［宅］			
家				厇			
四告 08	五紀 121	豙	參不韋 039	四告 11	五紀 008	五紀 025	五紀 090
四告 29		五紀 044		四告 22	五紀 022	五紀 040	五紀 097
四告 44		五紀 045		五紀 002	五紀 022（殘）	五紀 045	五紀 124
四告 45		參不韋 011		五紀 005	五紀 023	五紀 069	五紀 124
四告 47		參不韋 012		五紀 006	五紀 024	五紀 090	五紀 125
四告 49		參不韋 015		五紀 008	五紀 024	五紀 090	五紀 126

739		739	739	739		739	739
[宅]							[盜]
厇		室	宣	向		弦	盜
 五紀 128  參不韋 047  參不韋 077  參不韋 083	宅  參不韋 016  參不韋 060	 四告 43	 四告 38	 五紀 019  五紀 027  五紀 054  五紀 054  五紀 055  五紀 109	 參不韋 037	 四告 07	 四告 37 重見 742  五紀 103

739	739		739	739	739	739	
定	安		寶	宰	寵	宜	
 四時01	 四告22	 參不韋089	 四告22	 參不韋015	 四告29（訛）	 四告14	 參不韋066
 參不韋003	 四告32		 四告36	 參不韋015	 四告48	 四告21	 參不韋068
 參不韋013	 四告35					 四告24	 參不韋071
 參不韋014	 四告36					 參不韋022	 參不韋071
 參不韋065	 四告37					 參不韋030	 參不韋074
 參不韋078（殘）	 參不韋016					 參不韋037	 參不韋075

739	739	739		739	739		
	［寑］						
宜	寝	寍		客	寒		
 參不韋078	 四告42	 四告23	 四時30	 參不韋044	 四時02	 四時31	 參不韋042
 參不韋084		 四時20	 四時31		 四時19	 四時32	 參不韋080
 參不韋085		 四時21	 四時33		 四時21	 四時33	 參不韋092
 參不韋115		 四時23	 四時34		 四時28	 四時35	 參不韋113
 四告37（訛）		 四時26	 五紀010		 四時28	 五紀005	
 四告49		 四時29	 五紀108		 四時28	 五紀030	

739		739	739		739	739	739
害		⿱宀執	宗		宔	⿱宀圭	⿱宀黽
 四告30  四告30  四告36	萬  四時25 重見1422  四時28  四時35  四時36  四時36	 四告48  四時20	 四告43  四告46  四告47  五紀042  五紀059  五紀115	 參不韋013	 參不韋047	 四告12	 四告21（重）

739	739		739		739		
宔	⿱宀⿰爿頁		⿱宀⿰爿酉		⿱宀付		
四告32	四時01	⿱宀⿰爿頁	四時15	四時38	五紀048	⿱宀⿱亻貝	⿱宀⿱付貝
	四時31	四時10	四時19	四時38	五紀056	五紀121 重見623	行稱07 重見623
	四時40		四時24	四時39	五紀057	五紀129	
	四時41		四時24	四時39	五紀058		
	四時42		四時27	四時40			
			四時32	四時41			

	739	739	739	739	739	739	739
	⿱宀⿱古皿	⿱宀⿱自廾	⿱癶⿱宀至	⿱宀吟	宷	⿱宀未	⿱宀伐
⿱宀壴  參不韋 121 重見 332	 參不韋 099	 參不韋 088	 五紀 045 重見 1203  五紀 076  參不韋 013	 參不韋 003	 五紀 125  參不韋 036	 五紀 073  五紀 087	 五紀 058

739	739	740	741	742		742	744
				［竆］			
竆	寡	宫	郘	竆		盜	疾
 四時24 重見742	 五紀007 重見742	 四時19	 五紀076	 四時24 重見739	寡	 四告37 重見739	 四告23
			 五紀080	 五紀024	 五紀007 重見739		 四時10
			 五紀090	 五紀035			 司歲01
			 五紀109				 病方02
							 病方03
							 五紀091

744	744	744	744	744	744		
			［疽］		［痛］		
痓	⿸疒翟	⿸疒童	⿸疒夏	瘍	痈		
 五紀094	 五紀045	 五紀095	 病方02  病方02	 五紀094	 五紀094	 五紀094  五紀094  五紀096  參不韋078  參不韋080	 五紀092  五紀092  五紀093  五紀093  五紀093  五紀094

744	744	744	744	746			
⿸疒胃	⿸疒因	痛	⿸疒宛	同			
 五紀 095	 五紀 096	 四告 22	 參不韋 035	 四告 04	 五紀 039	 五紀 070	 參不韋 051
				 四告 04	 五紀 039	 五紀 071	 參不韋 051
				 四告 21	 五紀 040	 五紀 090	
				 五紀 038	 五紀 040	 五紀 090	
				 五紀 038	 五紀 040	 參不韋 021	
				 五紀 038	 五紀 041	 參不韋 051	

747	748	749	749	749	749	749	749
由	兩	罔	羅	罯	⿱罒虎	⿱罒巽	⿱罒型
 參不韋 062  參不韋 071  參不韋 072	 四時 18  四時 18  司歲 12  五紀 090  五紀 104	 五紀 077	 行稱 08  五紀 075	 四告 49	 四告 21	 四時 09	 五紀 070 重見 440

749	749	751	753		754		
罰	買	幣	帛		白		
 參不韋 027 重見 440	 參不韋 047 重見 705	 四告 18	 四時 22	 五紀 115	 四告 06	 四時 20	 五紀 018
			 四時 28		 四告 16	 四時 22	 五紀 018
			 四時 29		 四時 05	 四時 23	 五紀 024
			 四時 29		 四時 10	 四時 24（殘）	 參不韋 034
			 四時 33		 四時 16	 四時 31	 參不韋 035
			 五紀 108		 四時 19	 五紀 006	

				755	755	754	754
				敝	㡀	⿱白日	⿱宀⿱白八
				 五紀 049  五紀 053  五紀 054  五紀 061  五紀 107	 五紀 108  五紀 112  五紀 115	 五紀 025  五紀 076  五紀 084	 參不韋 093（重）

801			801		801		
					［仁］		
人			保		𢗝		
四告 30	五紀 047	五紀 097	四告 07	參不韋 020	五紀 006 重見 1039	五紀 011	五紀 019
四告 36	五紀 048	五紀 099	四告 12	參不韋 109	五紀 006	五紀 012	五紀 023
四告 45	五紀 052	五紀 125	四告 14		五紀 009	五紀 012	五紀 023
行稱 07	五紀 057	五紀 128	四告 33		五紀 010	五紀 013（重）	五紀 025
五紀 011	五紀 091	五紀 128	五紀 055		五紀 010	五紀 017	五紀 040
五紀 044	五紀 093		五紀 069		五紀 011	五紀 019	五紀 041

	801		801	801			
			［倗］				
	備		朋	儇			
五紀 129	五紀 044	參不韋 070	參不韋 017	五紀 094（重）	五紀 125	五紀 086	五紀 045
	五紀 059	參不韋 117	參不韋 022		五紀 127	五紀 086	五紀 046
	五紀 061		參不韋 036			五紀 088	五紀 047
	五紀 070		參不韋 056			五紀 121	五紀 059
	五紀 079		參不韋 063			五紀 121	五紀 061
	五紀 104		參不韋 069			五紀 123（重）	五紀 065

801	801		801	801	801		801
	［價］						
任	[illegible]		敳	偁	付		依
 四告03	 參不韋016	[illegible]	 五紀058 重見348	 五紀001	 參不韋026	[illegible]	 參不韋042
 四告32		 五紀122 重見348 重見1213	 五紀123	 五紀102		 參不韋020	 參不韋101
 四告33			 五紀124				

801	801	801	801	801	801	801	801
［傳］			［係］				
亻叀	倿	佻	係	伐	咎	像	弔
四告 33	參不韋 118	五紀 057	四告 43 重見 220	行稱 08	四告 01	五紀 033	行稱 02
		參不韋 008		參不韋 009	四告 11		行稱 06
		參不韋 023		參不韋 118	四告 12		
		參不韋 088			五紀 021		
		參不韋 118					

801	801	801	801	801			801
	傻	伓	⿰亻⿺辶叀	⿱巨是			像
雪	 四告02	 四時08	 五紀016	 五紀083 重見226	⿱冃目	⿱冃月	 五紀090
 四告05 重見208		 五紀101		 五紀083	 五紀093（訛）	 五紀111 重見438	

801	801	801	801	801	801	801	802
佁	僼	㑭	偞	佯	偭	侃	化
 五紀 093	 五紀 094  參不韋 096	 五紀 108	 參不韋 009	 參不韋 093	 四時 01 重見 711	 四告 29 重見 1106	 四時 37  五紀 096  五紀 096  五紀 118  五紀 118  參不韋 047

805		804	803	803	803	802	802
比		從	⿰亲匕	朼	艮	仳	化
 五紀 060	 參不韋 054	 四告 04 重見 219	 五紀 112	 五紀 055	 五紀 026	 四告 06	 參不韋 051
 五紀 120	 參不韋 057	 四時 37		 五紀 122	 五紀 078		 參不韋 093
 參不韋 059	 參不韋 077	 四時 37		 五紀 122			 參不韋 123
 參不韋 064	 參不韋 093	 四時 37		 五紀 123			
	 參不韋 120	 五紀 110		 五紀 123			
		 參不韋 025		 五紀 123			

807	807						806
虛	丘						北
五紀025	參不韋117	五紀083	五紀061	五紀024	四時29	四時15	四告38
		五紀084	五紀065	五紀026	四時30	四時15	四告47
		五紀085	五紀066	五紀027	四時31	四時21	四時03
		五紀086	五紀068	五紀040	五紀019	四時21	四時13
		參不韋037	五紀072	五紀041	五紀020	四時28	四時13
		參不韋088	五紀082	五紀042	五紀020	四時28	四時14

808		810	810	811			811
眾		重	量	監			⿱㐺心
 四時04  四時12  四時15  四時21  四時24  四時29	 四時31  四時32  四時39  五紀013  參不韋041  參不韋082	 參不韋087	 五紀035  五紀048  五紀089  參不韋018	 四時17  參不韋002  參不韋032  參不韋044  參不韋047  參不韋049	 參不韋079  參不韋085  參不韋112	⿱㐺皿  四時10 重見528	 四告23 重見1039

811 臨

四告43

五紀065

五紀130

812 身

四告09

四告12

四告32

四告33

四告34

四告36

五紀078

五紀097

五紀128

參不韋024

參不韋071

參不韋072

參不韋073

參不韋073

參不韋074

參不韋075

參不韋121

五紀029

五紀035

五紀109

五紀111

812 躳

四告01

四告06

813 殷

四告02

四告05

四告05

四告17

四時06

五紀041

五紀068

815		814	814	814	814	814	814
求		裻	卒	衰	裕	被	衣
 四告 30（重）	 參不韋 088	 行稱 02	 四告 06	 五紀 129	 行稱 01	 四告 22（重）	 四時 07
 五紀 049		 行稱 06			 行稱 03		 四時 25
 五紀 053		 五紀 056			 行稱 04		 四時 32
 參不韋 094		 五紀 057					 五紀 068
		 五紀 058					
		 五紀 110					

819	819	819	817	816	816	816	816
尿	屖	眉	毛	耆	考	耇	老
 參不韋 047  參不韋 085  參不韋 100  參不韋 103  參不韋 104	 五紀 089  參不韋 008  參不韋 019	 五紀 117	 五紀 030  五紀 110	 四告 14	 四告 04  參不韋 119	 四告 45	 四告 26

823	823	823	821	821	821	820	820
朕	俞	舟	屈	屪	尾	咫	尺
 四告04	 四告16	 五紀072	 四時23	 四時38	 四時09	 五紀090	 五紀090
 四告12	 四告20	 五紀074		 四時39			
 四告19				 四時40			
 四告28				 五紀119			
 四告29							
 四告32							

編號	字頭	出處
		四告34、四告34、四告36、四告47、參不韋023
823	服	四告03、四告07、四告07、四告19、四告21、四告28
		四告35、四告37、四告42
823	艕	五紀007、五紀024、五紀035、五紀080、五紀090
824	方	四告05、四告06、四告07、四告11、四告36、四告38
		四告47、四時13、四時13、四時23、四時30、四時30
		五紀001、五紀017、五紀018、五紀018、五紀019、五紀027
		五紀039、五紀042、五紀043、五紀068、五紀087、五紀087

824		825	825	825	828	830	
方		允	兑	⿱宀皃	皃	先	
 五紀095	 參不韋053	 四告06	 參不韋087	 五紀100	 五紀003	 四告02	 四告42
 五紀106	 參不韋110				 五紀031	 四告10	 四告43
 五紀047					 五紀098	 四告16	 四告44
 參不韋001					 五紀103	 四告33	 四告45
 參不韋015					 五紀108	 四告33	 四告46
 參不韋021						 四告38	 四告46

字號	釋讀	字頭	字形
			 四告 47  四告 49  五紀 100  五紀 116  參不韋 034  參不韋 048
			 參不韋 084  參不韋 087  參不韋 103  參不韋 104  參不韋 104
832		見	 四時 42  五紀 043  五紀 096  參不韋 035
832	[視]	⿱目人	 司歲 14  司歲 14  五紀 034  五紀 043  五紀 054  五紀 074
			 五紀 087  五紀 125  參不韋 018  參不韋 035  參不韋 090  參不韋 099
832		現	 參不韋 048
832		⿱辛見	 參不韋 009
832		⿰見旨	 四告 12

835	834	834	834	834	832	832	832
㱃	⿰𠦝欠	故	⿰害欠	欽	⿰貝原	⿱罒覞	⿰貝⿱亼言
 五紀 035  五紀 089	 五紀 074	 五紀 029  參不韋 087	 參不韋 005 (訛)	 參不韋 009	 四告 27 重見 901	 四告 45 (重)	 四告 27

835

酓

病方02
重見1448

901	901	901	901	901	901	901	901
頁	頌	頸	項	煩	顡	頪	⿱頁敬
 五紀109	 四告22	 五紀093	 五紀008  五紀024  五紀036	 四告03	 四告45（重）	 參不韋077	 四告01

901	901	901	901	902	902	907	907
⿰貝頁	⿰正頁	⿰貝⿱頁力	⿱頁力	百	⿰丬百	須	⿱須夂
 四時 14	 參不韋 028	 四告 27 重見 832	 參不韋 044  參不韋 081	 五紀 051  五紀 079	 司歲 05	 五紀 110  參不韋 123	 五紀 110

908	909	910		910	912		
弱	⿰彥隹	文		⿰文非	后		
四時 01	參不韋 036	四告 04	四告 36	四告 20（重）	四告 19	五紀 004	五紀 011
		四告 08	行稱 01		五紀 001	五紀 005	五紀 011
		四告 13	行稱 03		五紀 002	五紀 009	五紀 012
		四告 14	五紀 003		五紀 003	五紀 010	五紀 012
		四告 17	五紀 003		五紀 003	五紀 010	五紀 013
		四告 20	五紀 122		五紀 003	五紀 011	五紀 016

五紀 119	五紀 078	五紀 071	五紀 062	五紀 052	五紀 042	五紀 026	五紀 017
五紀 119	五紀 079	五紀 072	五紀 065	五紀 055	五紀 045	五紀 026	五紀 017
五紀 122	五紀 087	五紀 075	五紀 065	五紀 055	五紀 046	五紀 027	五紀 018
五紀 122	五紀 088	五紀 075	五紀 066	五紀 056	五紀 046	五紀 030	五紀 019
五紀 122	五紀 116	五紀 076	五紀 067	五紀 057	五紀 047	五紀 031	五紀 021
五紀 123	五紀 118	五紀 077	五紀 067	五紀 057	五紀 048	五紀 036	五紀 025

912	913						
后	司						
五紀 123	四告 10	司歲 12	五紀 008	五紀 023	五紀 024（殘）	五紀 036	五紀 040
五紀 123	四告 16	五紀 007	五紀 008	五紀 023	五紀 025	五紀 038	五紀 040
五紀 124	四告 32	五紀 007	五紀 008	五紀 023	五紀 027	五紀 039	五紀 040
五紀 126	四時 16	五紀 007	五紀 009	五紀 024	五紀 034	五紀 039	五紀 040
五紀 127	四時 17	五紀 007	五紀 009	五紀 024	五紀 034	五紀 040	五紀 043
五紀 130	司歲 02	五紀 008	五紀 022	五紀 024	五紀 035	五紀 040	五紀 056

五紀056 五紀058 五紀064 五紀074 五紀080 五紀080

五紀080 五紀081 五紀081 五紀081 五紀082 五紀083

五紀085 五紀085 五紀085 五紀086 五紀097 五紀115

參不韋007 參不韋007 參不韋009 參不韋010 參不韋010 參不韋010

參不韋011 參不韋020 參不韋033 參不韋047 參不韋048 參不韋048

參不韋085 參不韋086 參不韋097 參不韋103 參不韋103 參不韋108

參不韋109 參不韋109

915 卲

四告16 四告47 五紀104 五紀111 五紀003 五紀118（重）

915	915	915	915	915	916	917	
卲	⿰絜卩	⿰至卩	印	卪	𢀩	色	
 五紀119（重）	 四告19	 四告20	 五紀031	 四告43	 行稱03	 四時22	 參不韋015
			 五紀086	 四告44	 行稱08	 五紀061	 參不韋016
			 參不韋026			 五紀101（殘）	 參不韋017
						 五紀101	 參不韋025
						 參不韋001	 參不韋090
						 參不韋005	 參不韋099

918	919		920			920	920
卿	辟		旬			冢	匔
 四告38 重見538	 四告17	 五紀111	 行稱02	 五紀064	 五紀085	 參不韋038	 五紀089
	 四告19	 五紀115	 行稱02	 五紀080	 五紀086		
	 四告22	 四告32	 行稱02	 五紀081			
	 五紀083	 四告32	 行稱03	 五紀082			
	 五紀083	 四告33	 五紀002	 五紀085			
	 五紀092	 四告38（訛）	 五紀063	 五紀085			

922 敬

四告26、四告44、四告46、五紀011、五紀034、五紀052

五紀056、五紀059、五紀095、五紀096、參不韋013、參不韋032

參不韋112

923 鬼

四告34、五紀105

魁：四時39（重見208）

䰟：四告30（重見103）

924 畏

四告08、五紀011、五紀011、五紀037、五紀043、五紀044

五紀050、五紀055、五紀092、五紀092、五紀093、五紀105

930	930	930	930		927	924	
庶	廛	序	庫		山	禺	
 四告 13  四告 13  四告 13  四告 23  四告 23  四告 24	 五紀 112  參不韋 011	 四時 40  四時 41	 行稱 07	 參不韋 033  參不韋 036  參不韋 064  參不韋 065  參不韋 106	 五紀 008  五紀 023  五紀 033  五紀 080  四告 40  參不韋 022	 四告 45	 五紀 105  五紀 109  五紀 111

933		931	931	931	930	930	930
					［廟］		
⿸厃正		⿸厂戔	⿸厂屛	厲	庿	廢	庶
 五紀 025  五紀 076	碊  五紀 053 重見 934  五紀 129	 五紀 010  五紀 069  五紀 086	 四告 19（重）	 四告 36	 四告 42  四告 46	 五紀 117	 四告 30  四告 32  五紀 069  五紀 044  參不韋 023

934		934	934	934	934	934	935
石		礪	砂	硜	礎	磨	長
 四告29  四時07  五紀008  五紀023  五紀033  五紀034	 五紀048  五紀081  五紀116	 五紀099	 四時39  四時39  四時40	 五紀106	 五紀053 重見931	 五紀099 重見733	 司歲14  五紀031  五紀043  五紀046  五紀060  五紀067

935 長

五紀 098

五紀 099

五紀 101

參不韋 021

參不韋 064

參不韋 066

參不韋 082

參不韋 121

935 镸辰

五紀 117

936 勿

四告 13

四告 23

四告 23

四告 24

四告 28

五紀 032

五紀 033

五紀 033

五紀 033

五紀 033

五紀 049

五紀 052

五紀 057

五紀 057

五紀 060

五紀 107

五紀 107

五紀 107

五紀 107

五紀 112

五紀 112

五紀 112

五紀 112

五紀 121

五紀 129

參不韋 038

參不韋 055

參不韋 096

參不韋 096

參不韋 114

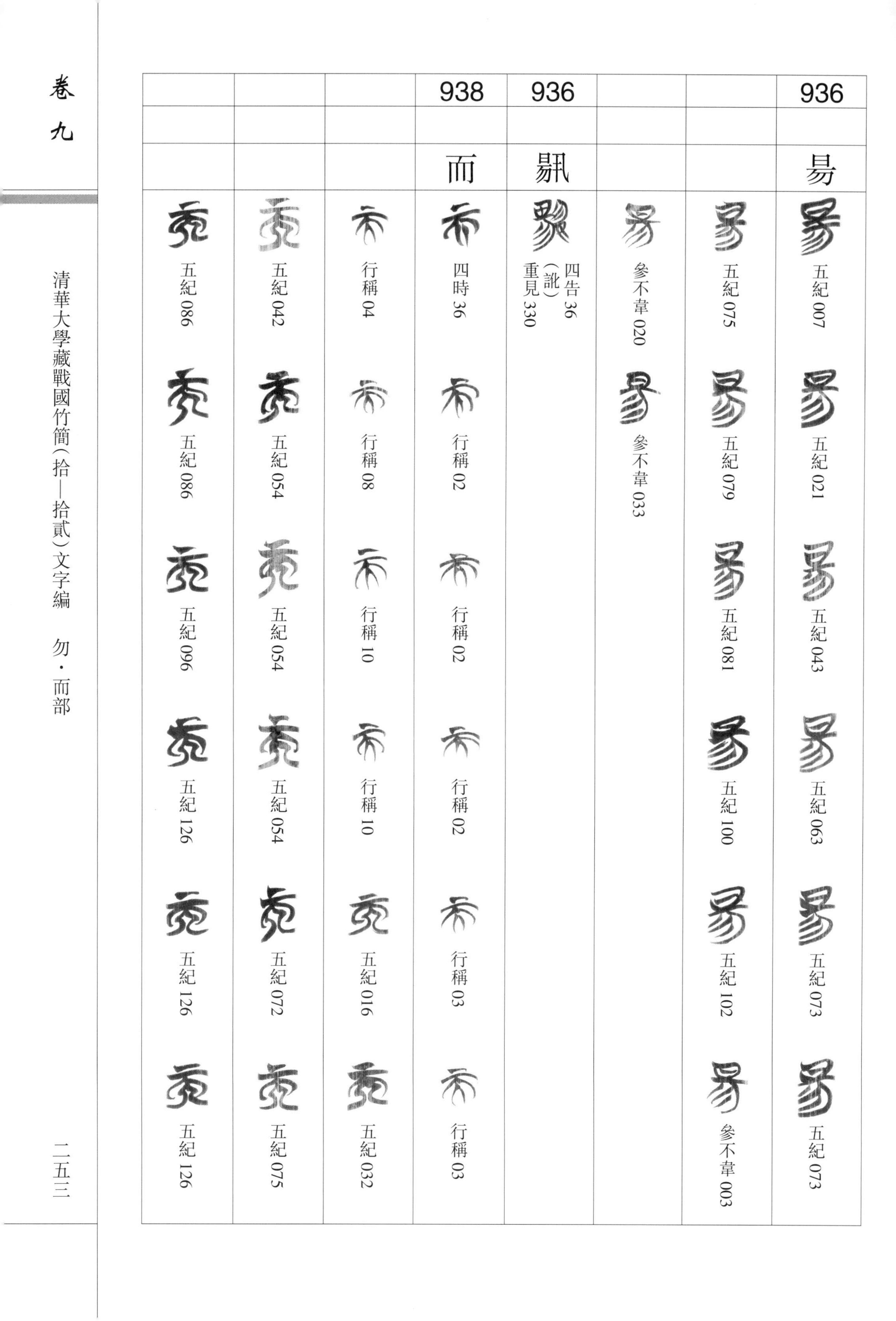

936			936	938			
昜			⿰昜卂	而			
五紀 007	五紀 075	參不韋 020	四告 36（訛）重見 330	四時 36	行稱 04	五紀 042	五紀 086
五紀 021	五紀 079	參不韋 033		行稱 02	行稱 08	五紀 054	五紀 086
五紀 043	五紀 081			行稱 02	行稱 10	五紀 054	五紀 096
五紀 063	五紀 100			行稱 02	行稱 10	五紀 054	五紀 126
五紀 073	五紀 102			行稱 03	五紀 016	五紀 072	五紀 126
五紀 073	參不韋 003			行稱 03	五紀 032	五紀 075	五紀 126

938						939	939
而						豕	豨
五紀126	參不韋035	參不韋048	參不韋070	參不韋074	參不韋104	四告28	四告28
參不韋033	參不韋035	參不韋051	參不韋070	參不韋075	參不韋106	四時19	
參不韋034	參不韋039	參不韋063	參不韋071	參不韋084	參不韋108	四時26	
參不韋034	參不韋039	參不韋068	參不韋072	參不韋101	參不韋110	四時08	
參不韋035	參不韋047	參不韋069	參不韋073	參不韋103	參不韋115	四時13	
參不韋035	參不韋048	參不韋069	參不韋073	參不韋104	參不韋115		

939		939	939		940	940	941
𧰲		豛	豚		㣇	𦇧	彖
 參不韋070  參不韋070	黫  四告36	 五紀004	 五紀049  五紀060	䣞  五紀115	 五紀105  五紀107	 四告04	 五紀062

942	945	946
豚	昜	象

942 豚

四告16

945 昜

四告23

司歲13

參不韋054

參不韋114

946 象

五紀032

五紀043

五紀048

五紀053

五紀068

五紀070

五紀071

五紀074

五紀079

參不韋035

參不韋036

參不韋043

參不韋058

編號	字頭	字形	出處
1001	馬		四告18
			行稱05
			行稱06
			五紀048
			五紀079
			參不韋010
			參不韋011
			參不韋033
1001	駱		司歲04
1001	駟		五紀026
			五紀079
1002	灋		四告08
			行稱03
	𢊁		五紀071 重見528
			參不韋014
			參不韋066
1003	麖		五紀067
1003	麃		四告01 重見1013
			四告07

1008	1008	1007	1006	1005	1003	1003	1003
							［麗］
狄	戾	莧	[illegible]	㲋	[illegible]	[illegible]	丽
 四告37	 四告24	 參不韋002	 四告01	 四告09	 四告21（重）	 五紀026	 四告02
 四告49	 四告43		 四告02			 五紀079	 五紀074
	 參不韋094		 四告03				

1011	1011	1009	1008	1008	1008		1008
龗	能	獄	⿰月⿰木犬	猇	狼		獻
 四告05 重見411	 四告19	 四告04	 五紀084 重見438	 四時10	 五紀026	 五紀058	 四告02
		 四告13			 五紀077	 五紀079	 四告09
						 參不韋088	 四告12
							 四告21
							 五紀038
							 五紀055

1011	1012	1013	1013	1013	1013	1013	1013
			［烄］			［煙］	
竉	熊	火	⿱⺈炅	然	焚	⿱宀垔	焯
 參不韋 025 重見 1020	 四時 41	 四時 17  四時 39  司歲 01  五紀 044  參不韋 009	 四告 09  四告 22  四時 03  四時 27	 司歲 13	 五紀 101（重）	 參不韋 065	 四時 10

1013	1013		1013	1013	1013	1013	1013
[照]							
炅	光		威	㷉	灰	焯	熞
 五紀 007	 四告 13	 五紀 038	 參不韋 118	 四時 04	 四時 04	 四告 22	 四時 02 重見 727
 五紀 034	 四告 20	 五紀 042					 四時 11
 五紀 062	 四告 33	 五紀 062					 五紀 094
 五紀 081	 四告 36	 五紀 071					 五紀 094
	 四告 47（訛）	 五紀 130					 五紀 100
	 五紀 030	 參不韋 118					

1013	1013	1013	1013	1013	1015	1016	1019
					［黑］		
炘	炅	⿱宀炅	⿸尸炅	麃	⿴囗火	悤	赤
 四時10	 四時23	 病方03	 五紀094	 四告01 重見1003	 五紀018	 五紀054 重見1039	 四時10
					 五紀018	 四告46	 四時14
					 五紀024	 五紀102	 四時14
							 四時14
							 四時15
							 四時20

1020

大

四時22
四時23
四時25
四時27
四時27
四時29

四時31
四時33
四時34
四時34
五紀006
五紀023

四告03
四告09
四告10
四告16
四告17
四告19

四告20
四告27
四告36
四告43
四告44
四告47

四時17
四時18
四時19
四時22
四時43
司歲10

五紀002
五紀005
五紀007
五紀008
五紀008
五紀008

五紀008
五紀008
五紀009
五紀009
五紀022
五紀022（殘）

五紀023
五紀023
五紀023
五紀023（重）
五紀023
五紀024

1020 大

- 五紀026
- 五紀031
- 五紀032
- 五紀033
- 五紀034
- 五紀035
- 五紀035
- 五紀035
- 五紀049
- 五紀078
- 五紀080（重）
- 五紀080
- 五紀080
- 五紀081
- 五紀081
- 五紀081
- 五紀083
- 五紀083
- 五紀083
- 五紀101
- 五紀101
- 五紀104
- 五紀107
- 五紀117
- 五紀117
- 五紀118（重）
- 參不韋007
- 參不韋017
- 參不韋052
- 參不韋068
- 參不韋083
- 參不韋097
- 參不韋097
- 參不韋108
- 參不韋117

犬

- 五紀008

1020 奎

- 五紀054

	1022	1022		1021	1020	1020	
	吳	夨		亦	奯	夾	
 參不韋 046  參不韋 081  參不韋 084	 四告 31  四告 48  五紀 054  參不韋 003  參不韋 004  參不韋 044	 參不韋 086  參不韋 087	 五紀 004  五紀 004  五紀 056  五紀 057  五紀 058	 四告 08  四告 31  四告 44  五紀 004  五紀 004  五紀 004	 參不韋 025 重見 1011  參不韋 123	 四時 37	奎  五紀 025  五紀 076  五紀 084

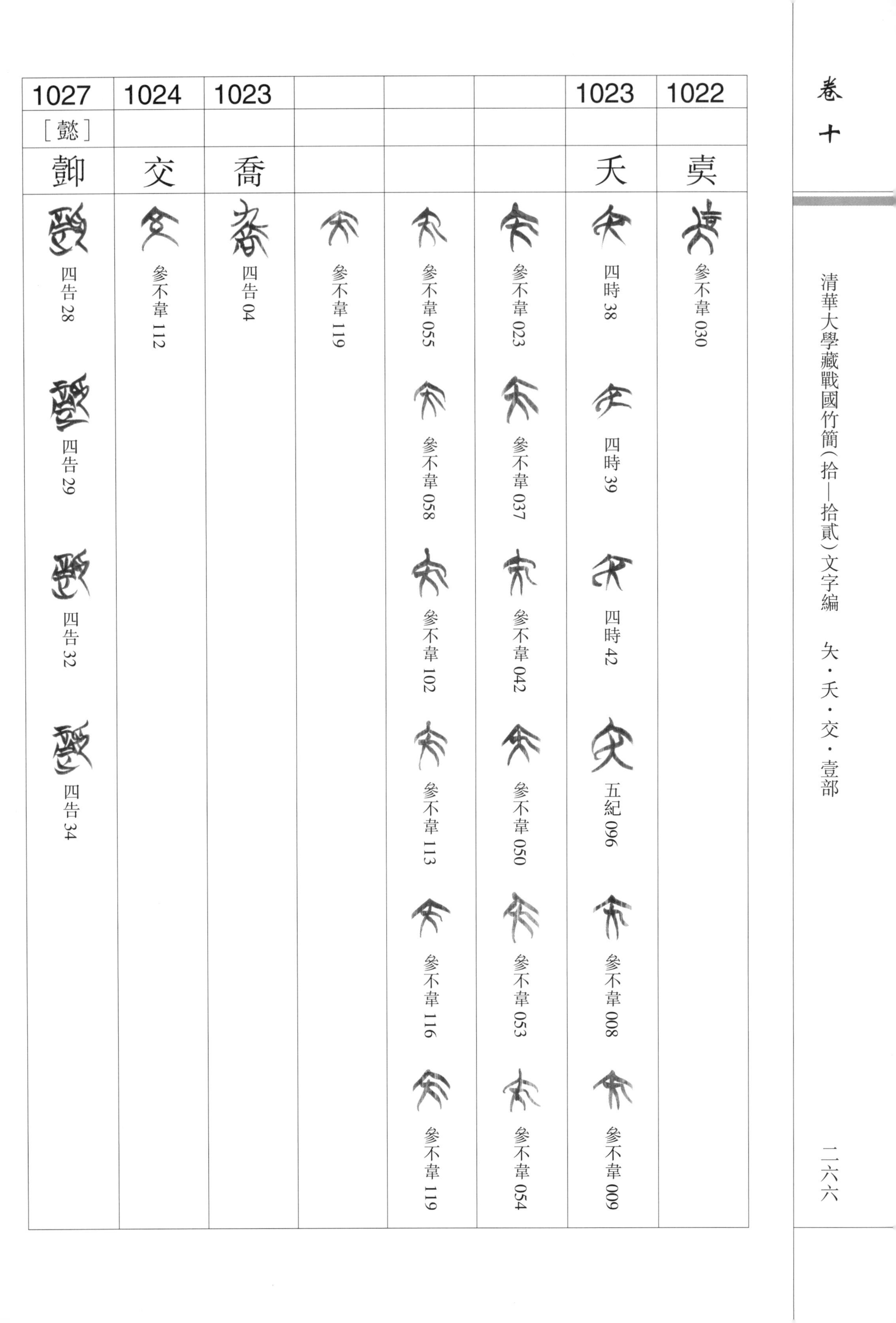

1022	1023				1023	1024	1027
							［懿］
壴	夭				喬	交	鄭
參不韋030	四時38	參不韋023	參不韋055	參不韋119	四告04	參不韋112	四告28
	四時39	參不韋037	參不韋058				四告29
	四時42	參不韋042	參不韋102				四告32
	五紀096	參不韋050	參不韋113				四告34
	參不韋008	參不韋053	參不韋116				
	參不韋009	參不韋054	參不韋119				

1031	1030	1028	1028		1028	1028	
𠦬	亢	皋	韄		執	睪	
 四告16	 五紀073  五紀101	 五紀106  五紀110	 參不韋035 重見525	敎  參不韋013 重見348  參不韋048	 四告48  司歲03  五紀104  五紀128	 五紀089  參不韋023  參不韋056	歖  四告30

1031

暴

四告02

四告04

1032

㬎

四告33

1032

昊

五紀007 重見701

五紀007

五紀023

五紀024

五紀034

五紀035

五紀042（重）

五紀080

五紀081

1034

夫

四告33

五紀049

五紀050

五紀050

五紀050

五紀053

五紀054

五紀054

五紀064

五紀064

五紀065

五紀066

五紀067

五紀072

五紀075

五紀112

五紀123

五紀124

五紀126

五紀127

1035

立

四告03
四告09
四告12
四告13
四告46
四時01
四時36
四時37
四時37
四時37
四時37
四時37（重）
司歲13
五紀028
五紀041
五紀042
五紀043
五紀065
五紀065
五紀066
五紀066
五紀075
五紀086
五紀089
五紀129
參不韋004
參不韋007
參不韋010
參不韋012
參不韋015
參不韋026
參不韋102
參不韋108
參不韋109
參不韋109
參不韋110
參不韋110

1035

竝

五紀097
重見563

1035	1035	1035	1035		1035	1036	1038
	［竣］						
⿱止立	⿰立畗	⿱尚立	⿰立⿱巳口		坡	替	思
 四告 07 重見 606	 五紀 089	 四告 08	 四時 02（殘）  四時 04 重見 521  四時 07  四時 14  四時 15  四時 24	 四時 31  四時 34	 五紀 089	 四告 03	 五紀 031 重見 1039  五紀 057  五紀 125  五紀 129  參不韋 031  參不韋 031

	1038	1039				1039	1039
	慮	心				息	志
 參不韋 031	 五紀 123	 四告 04	 四告 28	 四告 35	 五紀 026	 參不韋 117	 五紀 048
 參不韋 092	 五紀 125	 四告 11	 四告 29	 四告 35	 五紀 079		 五紀 111
		 四告 12	 四告 30	 四告 37	 五紀 084		
		 四告 12	 四告 31	 四告 47	 五紀 093		
		 四告 19	 四告 32	 五紀 012	 參不韋 096		
		 四告 27	 四告 33	 五紀 013			

字號	字頭	出處
1039	恉	五紀 099
1039	悳	四告 04、四告 11、四告 11、四告 11、四時 17、五紀 001
		五紀 003、五紀 003、五紀 010、五紀 019、五紀 019、五紀 025
		五紀 027、五紀 029、五紀 031、五紀 032、五紀 046、五紀 063
		五紀 064、五紀 064、五紀 064、五紀 065、五紀 065、五紀 066
		五紀 066、五紀 066、五紀 067、五紀 067、五紀 074、五紀 086
		五紀 095、五紀 122、五紀 125、五紀 127、參不韋 002、參不韋 004
		參不韋 004、參不韋 006、參不韋 014、參不韋 023、參不韋 041、參不韋 052

參不韋 060	參不韋 076	參不韋 082	參不韋 098	參不韋 108	參不韋 122	𢡱	1039
參不韋 064	參不韋 076	參不韋 083	參不韋 100	參不韋 111	參不韋 123	四告 45	［慎］
參不韋 064	參不韋 077	參不韋 084	參不韋 105	參不韋 111		四告 46	昚
參不韋 065	參不韋 078	參不韋 085	參不韋 106	參不韋 113			四告 13
參不韋 065	參不韋 079	參不韋 091	參不韋 107	參不韋 116			
參不韋 066	參不韋 081	參不韋 094	參不韋 107	參不韋 120			

1039		1039	1039	1039	1039	1039	1039
［⿱穴⿱夂心］				［慨］			
⿱夂心		惟	慶	⿱既心	⿱斤心	憲	念
 五紀011	⿱唯心  四告09	 四告12  五紀039  五紀039  五紀083  五紀083	 參不韋054	 五紀070	 四告11  五紀078	 四告19	 四告08  四告47

1039 [懼] 愳

五紀 001
五紀 125

1039 忢

五紀 006
五紀 006
五紀 008
五紀 009
五紀 010
五紀 011
五紀 011
五紀 012
五紀 012
五紀 013（重）
五紀 017
五紀 018
五紀 019
五紀 020
五紀 024
五紀 025
五紀 025
五紀 028
五紀 029
五紀 040
五紀 042
五紀 045
五紀 047
五紀 047
五紀 060
五紀 061
五紀 066
五紀 086
五紀 086
五紀 088
五紀 107
五紀 121
五紀 123（重）
五紀 125
五紀 130

1039 懋

四告 37

1039	1039	1039	1039	1039	1039	1039	1039
［怒］				［怠］			
㤅	惑	忈	忘	[illegible]	惷	懽	惱
四時03 重見112	參不韋119	參不韋077	四告02	四告04	四告04	五紀058	四告32
四時07			四告04		四告10		
四時08			四告05				
四時12			參不韋030				
四時28			參不韋091				
四時29							

1039 悲	1039 ⿱則心						
四告 31	參不韋 001	參不韋 006	參不韋 014	參不韋 024	參不韋 038	參不韋 042	參不韋 050
	參不韋 002	參不韋 006	參不韋 017	參不韋 026（殘）	參不韋 039	參不韋 042	參不韋 052
	參不韋 004（重）	參不韋 006	參不韋 018	參不韋 027（重）	參不韋 039	參不韋 043	參不韋 053
	參不韋 005	參不韋 007	參不韋 019	參不韋 031	參不韋 040	參不韋 044	參不韋 053
	參不韋 006	參不韋 008	參不韋 020	參不韋 031	參不韋 040	參不韋 046（重）	參不韋 054
	參不韋 006	參不韋 014	參不韋 024	參不韋 036	參不韋 041	參不韋 049	參不韋 055

1039			1039	1039	1039	1039	1039
			[悠]				
慰			[众/心]	[羌/心]	惴	慼	[亘/心]
參不韋 057	參不韋 081（重）	參不韋 101	四告 05	四告 37	五紀 102	參不韋 050	參不韋 022
參不韋 058	參不韋 089	參不韋 109		四告 49		參不韋 078	參不韋 050
參不韋 059	參不韋 089	參不韋 110		參不韋 051			參不韋 055
參不韋 061	參不韋 093	參不韋 112		參不韋 081			參不韋 071
參不韋 063	參不韋 098			參不韋 124			參不韋 072
參不韋 080	參不韋 099						參不韋 078

	1039	1039	1039	1039	1039	1039	
				［懌］		［恐］	
	圜	窓	忎	㤩	慹	忎	
惹  五紀 002  五紀 102  五紀 124  五紀 126	 四告 17  四告 21	 四告 40	 四告 13  四告 23  參不韋 038  參不韋 067  參不韋 114  參不韋 115	 五紀 104	 病方 02	 參不韋 059	 參不韋 082  參不韋 117

1039	1039	1039	1039	1039	1039	1039	1039
[illegible]	[illegible]	[illegible]	[illegible]	[illegible]	[illegible]	[illegible]	[illegible]
四告 20	四告 21（重）	四告 23 重見 811	四告 27	四告 28	四時 02	病方 02	五紀 013
			四告 29				五紀 013
							五紀 033
							五紀 034
							五紀 042
							五紀 130

1039	1039	1039	1039	1039	1039	1039	1039
⿱之心	⿰忄幾	慮	⿱宀⿱米心	⿰忄出	⿱一心	⿱米心	悆
 五紀102  參不韋123	 五紀102	 五紀088	 五紀064  五紀065	 五紀063	 五紀057	 五紀051  五紀053  五紀058  五紀071	 五紀048  五紀130

1039	1039	1039	1039	1039	1039	1039	
怨	[illegible]	惠	憙	息	恖	思	

五紀 107	五紀 047 重見 312	四告 11 重見 428	行稱 09 重見 517	五紀 006 重見 801	五紀 054 重見 1016	五紀 031 重見 1038	

1101			1101	1101	1101		1101
水			河	江	涇		洛
 四時08  四時12  四時41  司歲01  五紀032  五紀032	 五紀044  五紀106  參不韋009  參不韋011  參不韋056  參不韋056	 參不韋111	 四時11	 四時11	 四告03	淫  四告29	 四時20

1101	1101		1101	1101		1101	1101
沁	洹		沽	海		溥	涌
 五紀073	 四時04  四時07  四時12  四時16  四時22  四時25	 四時30  四時32	 五紀054  五紀124	 五紀101	灊  四告07	 五紀105  五紀109	 四時11

1101	1101	1101	1101	1101	1101		1101
							［淵］
𣶏	湄	洫	汜	淫	澤		𣶒
 參不韋096	 參不韋044	 五紀001	 四時16	 參不韋116	 五紀032	凼  四時07  司歲10（訛）	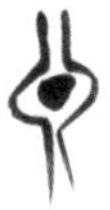 四告09  四告12  參不韋036  參不韋036  參不韋064  參不韋065

1101	1101	1101	1101	1101	1101	1101	1101
［津］	［砅］						
濾	瀝	湛	沒	汽	渴	準	湯
 四時 11  四時 11	 五紀 104	 五紀 032	 四時 15	 五紀 033	 四時 01	 五紀 005  五紀 006  五紀 013  五紀 017  五紀 018	 五紀 087

1101	1101	1101	1101	1101		1101	1101
	［滐］						
濯	滐	汲	浴	涂		溢	淤
 五紀033	 四時12	 四時22	 五紀033  五紀076  參不韋034  參不韋106  參不韋117	 五紀033	 參不韋068  參不韋111  參不韋115	 四時01  四時08  四時12  四時12  四時19  四時25（訛）	 四時12

1101	1101	1101	1101	1101	1101	1101	1101
沛	漭	浅	濟	涇	没	[氵莧]	湶
 參不韋 001  參不韋 002  參不韋 002  參不韋 006  參不韋 111	 五紀 001  五紀 003	 四時 01  四時 10  四時 11	 四告 19	 四告 26	 四告 44	 四時 01  四時 22	 四時 33

1102	1101	1101	1101	1101	1101	1101	1101
流	泩	溪	浧	⿰氵逵	漅	⿰氵煮	滾
 四時 21  四時 24  四時 29	 參不韋 048  參不韋 102	 參不韋 034  參不韋 106	 參不韋 018  參不韋 067	 五紀 084	 病方 03	 病方 02  病方 02  病方 03	 司歲 07

1106			1106			1106	1102
侃			巟			川	沝
 四告 29 重見 801	 五紀 115	 五紀 098	 司歲 04	 五紀 080	 五紀 041	 四告 40	 四告 35
	 五紀 116	 五紀 101	 五紀 103	 參不韋 034	 五紀 054	 四告 43	
		 五紀 105	 五紀 026	 參不韋 042	 五紀 059	 司歲 14	
		 五紀 106	 五紀 038	 參不韋 099	 五紀 065	 五紀 008	
		 五紀 107	 五紀 080	 參不韋 106	 五紀 065	 五紀 023	
		 五紀 109	 五紀 097		 五紀 065	 五紀 032	

1106	1107	1109		1109	1111	1111	1112
						［睿］	
州	泉	永		羕	谷	濬	冰
 四告11  參不韋058	 四告40  四時12  四時18  四時26	 四告49  五紀046  五紀055  五紀069  五紀102  五紀103	 五紀116  五紀121	 四告08  四告48	 五紀129	 參不韋010	 四時27

			1113			1112	1112
						［冬］	
			雨			⿱夂日	凍
四時19	四時16	四時13	四時04	五紀088	四時41	四時27 重見701	四時02
四時19	四時17	四時13	四時07	參不韋013	四時41	四時30	
四時22	四時17	四時14	四時08	參不韋092	五紀029	四時32	
四時22	四時18	四時15	四時09	參不韋113	五紀043	四時33	
四時24	四時18	四時15	四時11		五紀063	四時40	
四時25	四時19	四時16	四時12		五紀069	四時40	

1113

雷

四時 25
四時 25
四時 26
四時 29
四時 30
四時 30

四時 31
四時 32
四時 32
四時 34
四時 36
四時 38

四時 39
四時 39
四時 40
四時 40
四時 40
四時 41

四時 41
四時 41
四時 42
司歲 14
五紀 005
五紀 030

參不韋 042
參不韋 080
參不韋 113

四時 05
四時 06
四時 07
四時 11
四時 19
四時 24

四時 41

靁

參不韋 113
重見 1314

1113	1113		1113	1113	1113		1113
霆	霝		霜	雩	需		⿱雨章
 參不韋113	 四告18  四告19  四告22  四時11  五紀043  四時18	 四時32	 四時26	 四告48	 四時01  四時02  四時05  四時08  四時20  四時21	 四時40	 參不韋056  參不韋056

	1114						1114
	［黔］						［雲］
	侌						云
⿱尹云	 參不韋 003	 五紀 100	 四時 30	 四時 23	 四時 13	 四時 07	 四時 02
 五紀 043			 四時 30	 四時 23	 四時 14	 四時 08	 四時 04
 五紀 063			 四時 31	 四時 26	 四時 20	 四時 08	 四時 05
 五紀 072			 四時 33	 四時 26	 四時 21	 四時 09	 四時 05
 五紀 102			 四時 34	 四時 27	 四時 21	 四時 10	 四時 06
			 五紀 033	 四時 28	 四時 21	 四時 12	 四時 06

1114	1115	1115	1115	1118		1118	1119
鴍	魚	鯀	鰥	龍		龕	飛
 四時15	 五紀032	 參不韋034	 四告34	 四時09	 四時39	 四告17	 四時09
 四時23				 四時11	 四時39		
 四時31				 四時12	 四時40		
 四時39（訛）				 四時15	 五紀072		
				 四時18			
				 四時39			

1120

非

四告01

四告26

四告27

四告28

四告29

四告30

四告35

四告38

四告44

四告44

五紀057

五紀057

五紀101

參不韋106

						1202	1201
						不	孔
四告49	四告43	四告36	四告30	四告28	四告07	四告02	四告22
四時02	四告43	四告36	四告31	四告28	四告16	四告03	
四時05	四告44	四告37	四告31	四告29	四告19	四告05	
四時08	四告47	四告37	四告33	四告29	四告26	四告06	
四時10	四告48	四告42	四告33	四告30	四告27	四告06	
四時11	四告49	四告43	四告33	四告30	四告28	四告07	

五紀 071	五紀 055	五紀 050	五紀 049	五紀 046	司歲 13	四時 39	四時 14
五紀 094	五紀 055	五紀 053	五紀 049	五紀 046	行稱 04	四時 40	四時 20
五紀 095	五紀 058	五紀 054	五紀 049	五紀 048	行稱 04	四時 40	四時 28
五紀 095	五紀 062	五紀 054	五紀 050	五紀 048	行稱 05	四時 41	四時 38
五紀 095	五紀 064	五紀 054	五紀 050	五紀 048	行稱 06	四時 41	四時 38
五紀 095	五紀 069	五紀 054	五紀 050	五紀 048	五紀 043	四時 42	四時 39

1202

不

五紀096
五紀096
五紀119
五紀119
五紀126
五紀126
五紀130
參不韋001
參不韋001
參不韋001
參不韋001
參不韋001
參不韋003
參不韋003
參不韋004
參不韋004
參不韋006
參不韋006
參不韋007
參不韋008
參不韋008
參不韋008
參不韋019
參不韋019
參不韋020
參不韋020
參不韋022
參不韋023
參不韋024
參不韋024
參不韋028
參不韋030
參不韋030
參不韋032
參不韋033
參不韋034
參不韋034
參不韋034
參不韋035
參不韋035
參不韋036
參不韋039
參不韋043
參不韋045
參不韋046
參不韋049
參不韋049
參不韋052

參不韋 052
參不韋 052
參不韋 054
參不韋 057
參不韋 058
參不韋 059
參不韋 059
參不韋 059
參不韋 060
參不韋 061
參不韋 062
參不韋 062
參不韋 062
參不韋 063
參不韋 063
參不韋 064
參不韋 064
參不韋 066
參不韋 067
參不韋 068
參不韋 069
參不韋 069
參不韋 069
參不韋 070
參不韋 070
參不韋 070
參不韋 071
參不韋 073
參不韋 074
參不韋 075
參不韋 077
參不韋 077
參不韋 077
參不韋 079
參不韋 080
參不韋 082
參不韋 082
參不韋 082
參不韋 085
參不韋 086
參不韋 089
參不韋 089
參不韋 089
參不韋 089
參不韋 090
參不韋 090
參不韋 090
參不韋 090

1202 不

參不韋 090
參不韋 091
參不韋 091
參不韋 091
參不韋 092
參不韋 092
參不韋 095
參不韋 098
參不韋 100
參不韋 100
參不韋 101
參不韋 102
參不韋 105
參不韋 106
參不韋 107
參不韋 107
參不韋 110
參不韋 112
參不韋 112
參不韋 113
參不韋 113
參不韋 113
參不韋 114
參不韋 115
參不韋 116
參不韋 118
參不韋 118
參不韋 119
參不韋 120
參不韋 120
參不韋 121
參不韋 122
參不韋 123

1202 ⿰不不

四告 23

1202 ⿰不先

四告 08
四告 09

1203						1203	1203
至						[illegible]	[illegible]
四告05	四時12	四時24	四時32	四時39	行稱04	參不韋008	五紀045 重見739
四時02	四時14	四時27	四時34	四時40	五紀030		
四時05	四時16	四時27	四時34	四時40	五紀062		
四時08	四時17	四時28	四時38	四時41	五紀065		
四時09	四時19	四時29	四時38	四時42	五紀128		
四時10	四時20	四時32	四時39	行稱01	參不韋046		

	1208	1207	1205	1205			1204
	門	扂	[illegible]	鹹			西
 四時 15	 四時 02	 四告 44	 參不韋 087	 五紀 079	 五紀 082	 五紀 040	 四時 22
 四時 21	 四時 04				 五紀 085	 五紀 059	 四時 23
 四時 23	 四時 04				 參不韋 037	 五紀 062	 四時 33
 四時 31	 四時 11				 參不韋 088	 五紀 072	 五紀 019
 四時 31	 四時 14					 五紀 082	 五紀 020（重）
 五紀 008	 四時 14					 五紀 082	 五紀 024

1208	1208				1208		
開	閉				閞		
 四告 07  四告 10  五紀 025  參不韋 037	 五紀 101  參不韋 012	 司歲 11  司歲 12  司歲 13  五紀 034	 司歲 06  司歲 07  司歲 07  司歲 08  司歲 09  司歲 10	閞  司歲 01  司歲 02  司歲 03  司歲 04  司歲 05	 四告 31	 五紀 065  五紀 065  五紀 081  五紀 084  五紀 086	 五紀 024  五紀 026  五紀 027  五紀 035  五紀 041  五紀 041

1208			1208	1209	1209	1209	
闌			闠	耳	聖	耶	
 四時 34	閘	閳	 參不韋 077	 五紀 012	 四告 03	 參不韋 001	 參不韋 099
	 四時 05	 四時 06		 五紀 013	 五紀 054	 參不韋 005	 參不韋 100
	 四時 36			 五紀 084	 五紀 087	 參不韋 018	
	 四時 38			 五紀 088		 參不韋 066	
				 五紀 101		 參不韋 090	
				 五紀 111		 參不韋 090	

1209		1209	1209	1210	1210	1211	1211
		[聝]					
聑		⿹戈⿱口灬	⿱耳大	臣	巸	手	指
 四告43	⿰⿱⺈耳辛	 四告48 重見1221	 司歲02	 四告19	 四告49（重）	 五紀085	 參不韋028
 四告44	 四告02		 行稱07	 四告22		 五紀085	
 參不韋033	 四告04					 五紀089	
 參不韋034	 四告08					 五紀090	
 參不韋083							

1211	1211	1211			1211	1211	1211
	［捷］	［播］			［失］	［提］	
擧	戦	𢿌			達	曌	扶
 五紀 117	 四告 29 重見 1221	 參不韋 003 重見 348  參不韋 047  參不韋 062 （殘）  參不韋 083	峑  四告 20 重見 213	 參不韋 115	 四告 33 重見 219  五紀 071  參不韋 002  參不韋 093  參不韋 111  參不韋 113	 司歲 02 重見 323	 五紀 090

1213						1213	
女						母	
四告 11	五紀 031	五紀 105	五紀 120	參不韋 061	參不韋 102	四告 12	四告 28
四時 10	五紀 056	五紀 105	五紀 120	參不韋 063	參不韋 108	四告 12	四告 29
四時 14	五紀 058	五紀 105	參不韋 044	參不韋 064	參不韋 120	四告 19	四告 32
四時 28	五紀 097	五紀 106	參不韋 044	參不韋 065		四告 20	四告 46
五紀 010	五紀 097	五紀 119	參不韋 053	參不韋 083		四告 21	四告 47
五紀 028	五紀 097	五紀 119	參不韋 053	參不韋 083		四告 21	四時 37

1213		1213	1213				1213
好		奴	威				母
四告04	行稱07	四時02	四告19	五紀126	五紀118	五紀053	行稱05
四告22	行稱07	四時29		五紀126	五紀118	五紀058	五紀011
四告27	五紀049	四時36		五紀126	五紀124	五紀059	五紀017
四告29		行稱05		五紀126	五紀124	五紀086	五紀032
四告30		行稱05			五紀125	五紀087	五紀051
四告33		行稱06			五紀125	五紀087	五紀052

	1213	1213	1213		1213	1213	
						［婺］	
	女	娗	姦		婁	⿱矛女	
四時17	四時10	四時02	四告13	五紀057	四時37	五紀101	五紀058
四時18	四時11			五紀067	五紀007		五紀089
四時19	四時13			五紀067	五紀009		五紀091
四時20	四時14			五紀067	五紀009		參不韋088
四時21	四時15			五紀080	五紀024		
四時22	四時16				五紀044		

1213				1213	1213		1213
女				⿰女㞷	⿰女岂		⿰女義
四時 23	四時 28	四時 33	五紀 098	參不韋 117	參不韋 088	数	參不韋 117
四時 24	四時 29	四時 34	五紀 104			五紀 122 重見 348 重見 801	
四時 25	四時 30	四時 34	五紀 108				
四時 26	四時 30	五紀 039	五紀 109				
四時 26	四時 31	五紀 068	五紀 109				
四時 27	四時 32	五紀 075	五紀 109				

1213	1214			1215			
⿱夕女	毋			民			
四告32 重見711	參不韋015	參不韋064	參不韋084	四告27	五紀031	五紀074	五紀096
	參不韋031	參不韋064	參不韋112	四告36	五紀032	五紀091	五紀120
	參不韋031	參不韋065	參不韋116	四時17	五紀033	五紀092	五紀120
	參不韋031	參不韋077	參不韋122	四時17	五紀034	五紀094	五紀129
	參不韋041	參不韋081		五紀010	五紀066	五紀095	五紀130
	參不韋044	參不韋081		五紀031	五紀070	五紀095	行稱04

1216		1215					1215
弗		曑					民
 四告 03	 參不韋 016	 五紀 019	 行稱 01	 參不韋 097	 參不韋 059	 參不韋 041	 參不韋 007
 四告 04	 參不韋 017	 五紀 022		 參不韋 104	 參不韋 059	 參不韋 043	 參不韋 010
 四告 05	 參不韋 099	 五紀 043		 參不韋 110	 參不韋 060	 參不韋 045	 參不韋 018
 四告 10		 五紀 087		 五紀 091	 參不韋 061	 參不韋 045	 參不韋 030
 四告 30		 五紀 126		 四告 02	 參不韋 063	 參不韋 048	 參不韋 031
 四告 31		 參不韋 005		 四告 13	 參不韋 065	 參不韋 057	 參不韋 039

四告35
四告43
四告44
四告44
行稱05
行稱06

行稱07
五紀055
五紀095
五紀096
五紀117
五紀118

參不韋023
參不韋032
參不韋040
參不韋047
參不韋047
參不韋054

參不韋062
參不韋072
參不韋073
參不韋076
參不韋107
參不韋108

參不韋112
參不韋116
參不韋121
參不韋122
參不韋124

1217
弋

四告14
四告19
四告20
四告20
四告22
四告47

四告49
四告49
五紀032
五紀035
五紀050
五紀056

五紀056
五紀057
五紀061
五紀064
五紀070

1218			1219	1219			
也			氏	氒			
四時 38	參不韋 072	參不韋 079	四告 10	四告 17	四告 05	四告 27	四告 32
參不韋 052	參不韋 073	參不韋 065		四告 17	四告 09	四告 28	四告 37
參不韋 065	參不韋 074	參不韋 066		四告 18	四告 12	四告 29	四告 42
參不韋 070	參不韋 075	參不韋 069		五紀 069	四告 20	四告 30	四告 42
參不韋 070	參不韋 077	參不韋 069		四告 03	四告 21	四告 31	四告 44
參不韋 071	參不韋 078			四告 03	四告 27	四告 31	

1220	1221	1221	1221	1221	1221		
氏	戈	肇	戎	賊	或		
 四告11	 司歲12	 四告06	 四告05	 參不韋118	 四告13	 四時42	 行稱10
 四告48	 司歲13	 四告07	 四告05		 四告13	 行稱08	 行稱10
		 四告44	 參不韋011		 四告46	 行稱09	 行稱10
			 參不韋012		 四時35	 行稱09	 五紀061
			 參不韋016		 四時36	 行稱09	 五紀071
			 參不韋023		 四時36	 行稱09	 參不韋038

1221		1221		1221	1221	1221	
或		截		⿱今戈	㦰	武	
 參不韋 038	 參不韋 050	 四告 26	歡	 四告 05	 四時 26	 四告 06	 五紀 090
 參不韋 038	 參不韋 051		 四告 40 重見 348		 四時 34	 四告 08	 五紀 094
 參不韋 038	 參不韋 051					 四告 17	 五紀 100
 參不韋 038	 參不韋 052					 行稱 03	 五紀 100
 參不韋 038	 參不韋 052					 行稱 07	 五紀 104
 參不韋 045						 五紀 077	 五紀 106

	1221	1221	1221		1221	1221	
	戠	戔		⿰虫戈	⿰氐戈	戰	
 五紀116  五紀118  五紀122	 參不韋021	 四告02  行稱05  參不韋023	⿱戈戔  四告21（重）	 四告02	 四告02	 四告05  四告08  四告44	⿺鬼戈  四告26  四告35  四告36

1221	1221		1221	1221	1221	1221	1221
戔	諓		𢦔	𢧀	寇	𢧐	戳
 四告 18	 五紀 063	諓	 五紀 100（訛）	 五紀 118	 參不韋 007 重見 348	 參不韋 009	 參不韋 009
 行稱 07	 五紀 064	 參不韋 087	 五紀 119	 五紀 120	 參不韋 008		
 參不韋 114	 五紀 064				 參不韋 009		
	 五紀 126				 參不韋 056		
					 參不韋 118		

1221	1221	1222	1222	1223			1223
彧	㦸	戚	戉	我			義
 四告48 重見1209	 四告29 重見1211	 參不韋082	 五紀104	 四告08	 四告22	 五紀063	 四告16
				 四告13	 四告26	 五紀064	 四告19
				 四告13	 四告44	 五紀065	 四告20
				 四告13	 四告45	 五紀066	 四告21
				 四告18	 四告46	 五紀067	 四告22
				 四告20	 四告49	 五紀118	 四告24

1223

義

五紀006
五紀006
五紀008
五紀009
五紀010
五紀011

五紀011
五紀012
五紀012
五紀013（重）
五紀017
五紀018

五紀019
五紀020
五紀024
五紀024
五紀025
五紀040

五紀045
五紀046
五紀047
五紀049
五紀050
五紀051

五紀052
五紀060
五紀061
五紀062
五紀064
五紀088

五紀108
五紀112
五紀118
五紀119
五紀121
五紀122（重）

五紀123（重）
五紀124
五紀129
參不韋013
參不韋014
四告26

四告36

1225	1227						
⿱亣⿰亣亣	亡						
四時 01	四告 07	四告 45	司歲 03	司歲 06	司歲 09	司歲 11	行稱 03
	四告 08	司歲 01	司歲 04	司歲 07	司歲 09	司歲 12	五紀 052
	四告 08	司歲 01	司歲 04	司歲 07	司歲 09	司歲 12	五紀 055
	四告 17	司歲 02	司歲 05	司歲 08	司歲 10	司歲 13	五紀 058
	四告 27	司歲 02	司歲 05	司歲 08	司歲 10	司歲 13	五紀 073
	四告 40	司歲 03	司歲 06	司歲 08	司歲 11	司歲 13	五紀 095

1227 亡			1227 乍				
五紀 103	參不韋 057	參不韋 083	四告 08	四時 04	四時 10	四時 14	四時 17
五紀 126	參不韋 058	參不韋 107	四告 09	四時 04	四時 12	四時 15	四時 18
五紀 126	參不韋 072	參不韋 117	四告 12	四時 06	四時 13	四時 15	四時 18
參不韋 002	參不韋 072		四告 34	四時 07	四時 13	四時 16	四時 18
參不韋 038	參不韋 074		四告 43	四時 08	四時 13	四時 16	四時 19
參不韋 046	參不韋 078		四時 03	四時 09	四時 14	四時 16	四時 20

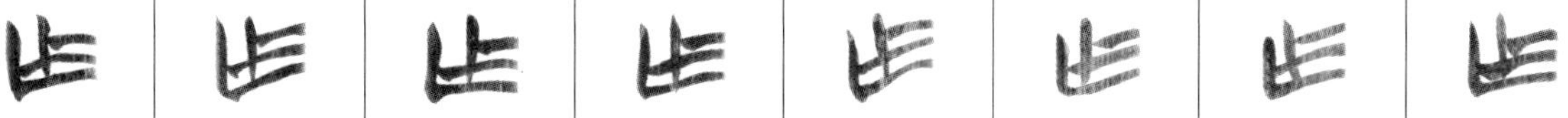
四時21　四時24　四時27　四時30　四時32　四時35　四時40　四時43

四時21　四時25　四時27　四時30　四時33　四時36　四時41　司歲08

四時22　四時25　四時28　四時30　四時34　四時36　四時41　五紀042

四時22　四時26　四時28　四時31　四時34　四時36　四時42　五紀063

四時23　四時26　四時29　四時32　四時34　四時38　四時42　五紀075

四時24　四時26　四時30　四時32　四時35　四時39　四時42　五紀075

1227

乍

五紀077　五紀091　五紀091　五紀096　五紀096　五紀099

五紀102　五紀102　五紀105　五紀116　參不韋002　參不韋004

參不韋023　參不韋026　參不韋037　參不韋039　參不韋050　參不韋053

參不韋055　參不韋057　參不韋057　參不韋058　參不韋108　參不韋109

參不韋110　參不韋111　參不韋114　參不韋115　參不韋124

叏

四時11 重見332

1227

望

五紀039　五紀044　五紀073　五紀074

⿱亡王

四告42　四告46　四告48　五紀074　五紀094

1233	1233	1233	1233	1229	1229		1228
			［弧］		［匡］		
引	彊	張	弧	匜	匩		匿
 四告45	 五紀076	 四時01  四時28  五紀026	 五紀026  五紀077	 五紀117  五紀117	 五紀117	 參不韋060  參不韋096	 五紀009  五紀023  五紀057  五紀081  參不韋046  參不韋047

1233	1233					1233	
［弛］							
弫	發					⿰弓舟	
 四時01	 行稱01	 行稱09	⿱⿱⿰止止⿰止止又	⿱⿰止止⿰止止	 五紀128	 四時38	 四時41
	 行稱02		 五紀026 重見332	 五紀029		 四時38	 四時42
	 行稱02		 參不韋013	 五紀058		 四時39	
	 行稱02		 參不韋022	 五紀077		 四時40	
	 行稱03		 參不韋078	 五紀079		 四時40	
	 行稱03		 參不韋083	 五紀084		 四時41	

	1236	1236	1234	1234	1233		1233
		［系］					
	孫	系	⿰弓頁	⿰弓攵	⿰弓⿱虒心		弫
四告 38	四告 14	五紀 055	四時 05	五紀 053	五紀 077	參不韋 115	司歲 14
四告 40	四告 16	五紀 116	四時 35	五紀 055		參不韋 118	五紀 074
四告 48	四告 18	五紀 119（重）	四時 36				參不韋 038
四告 49	四告 18	五紀 119					參不韋 067
四告 49	四告 19						參不韋 114
	四告 26						參不韋 115

1236

繇

四告01

四告09（訛）

四告11

四告12

		1301	1301	1301	1301	1301	1301
				［綜］			
		紀	緯	綡	經	緬	緒
絽	 參不韋111	 四告08	 四告09	 五紀016	 四告09	 參不韋117	 五紀058
 四時25		 四時17	 五紀091		 五紀045	 參不韋122	
 五紀002		 司歲01	 參不韋010		 五紀070		
 五紀002（重）		 五紀001	 參不韋011		 參不韋010		
 五紀003		 參不韋092					
 五紀003		 參不韋105					

1301	1301	1301	1301	1301	1301		1301
		［締］		［絕］	［紿］		
纆	縛	纏	結	𢇍	⿰糸司		
 行稱 03	 四告 09	 五紀 068	 四告 23	 參不韋 040	 五紀 120	 五紀 062	 五紀 004
 行稱 06			 四時 09	 參不韋 118		 五紀 065	 五紀 004
 行稱 08			 四時 10			 五紀 068	 五紀 016
						 五紀 073	 五紀 021
						 五紀 120	 五紀 022
							 五紀 044

1301	1301		1301	1301	1301		1301
纕	組		紳	繻	絀		終
五紀002	五紀088	四時29	四時06	四時10	五紀043	夂	五紀041
	五紀090	四時33	四時10	四時14	五紀070	四告31	五紀067
	參不韋119		四時12	四時28	參不韋077	四告33	
			四時16	四時28		參不韋064	
			四時18			參不韋064	
			四時27				

1301	1301	1301	1301				
［綱］	［繩］						
絖	⿰糸興	縈	維				
 五紀044	 五紀017	 四時12	 四時01	 四時12	 四時24（殘）	 四時32	 五紀025
 參不韋092	 五紀018	 參不韋091	 四時02	 四時16	 四時25	 四時35	 五紀041
 參不韋105	 五紀018		 四時03	 四時16	 四時25	 四時36	 五紀072
 參不韋111			 四時04	 四時19	 四時28	 四時36	 五紀072
			 四時09	 四時20	 四時29	 四時36	 五紀072
			 四時10	 四時22	 四時31	 四時36	 五紀072

1301			1301	1301	1301	1301	
			［彝］	［績］		［緐］	
經			⿺辶彝	練	繮	⿰糸皃	
 五紀 003	俓	⿰亻彝	 四告 26 重見 219	 行稱 05	 五紀 106（殘）	 參不韋 026	 五紀 072
 五紀 121	 參不韋 013 重見 1314	 四告 27 重見 220			 五紀 117		 五紀 085
 參不韋 011		 四告 28					 五紀 085
 參不韋 015		 四告 29					 五紀 085
		 四告 35					 五紀 085
		 四告 37					 五紀 088

1302	1302	1301	1301	1301	1301	1301	1301
[繛]							
綽	素	緩	綽	紩	絃	絰	繞
 行稱 02 重見 1301  行稱 07	 四告 11	 參不韋 038 重見 1302	 行稱 02 重見 1302	 行稱 06	 五紀 073	 四時 01  四時 04  四時 07  五紀 043  五紀 091  參不韋 031	 五紀 001  五紀 009  五紀 009  五紀 022  五紀 022  五紀 028

1305	1305	1305	1305	1305	1305	1303	1302
		［蟬］					［緌］
蛓	蟄	⿱單䖵	螻	蜀	虫	絲	綏
 四時09（訛）	 四時42	 司歲03 重見1306	 五紀035	 五紀026  五紀077  參不韋068	 四時20  四時42  五紀033	 五紀030	 參不韋038 重見1301  參不韋052  參不韋078  參不韋114

	1308	1307	1306	1306		1305	1305
	風	蟲	⿱爻䖵	⿱冒䖵		蚘	⿸亻⿱口虫
 四時 06	 四時 02	 四告 40	 參不韋 009	 司歲 03 重見 1305	蚤	 五紀 098（重）	 四告 21
 四時 07	 四時 03				 四時 20	 五紀 102	
 四時 08	 四時 03					 五紀 105	
 四時 09	 四時 04					 五紀 107	
 四時 09	 四時 06					 五紀 109	
 四時 10	 四時 06					 五紀 109	

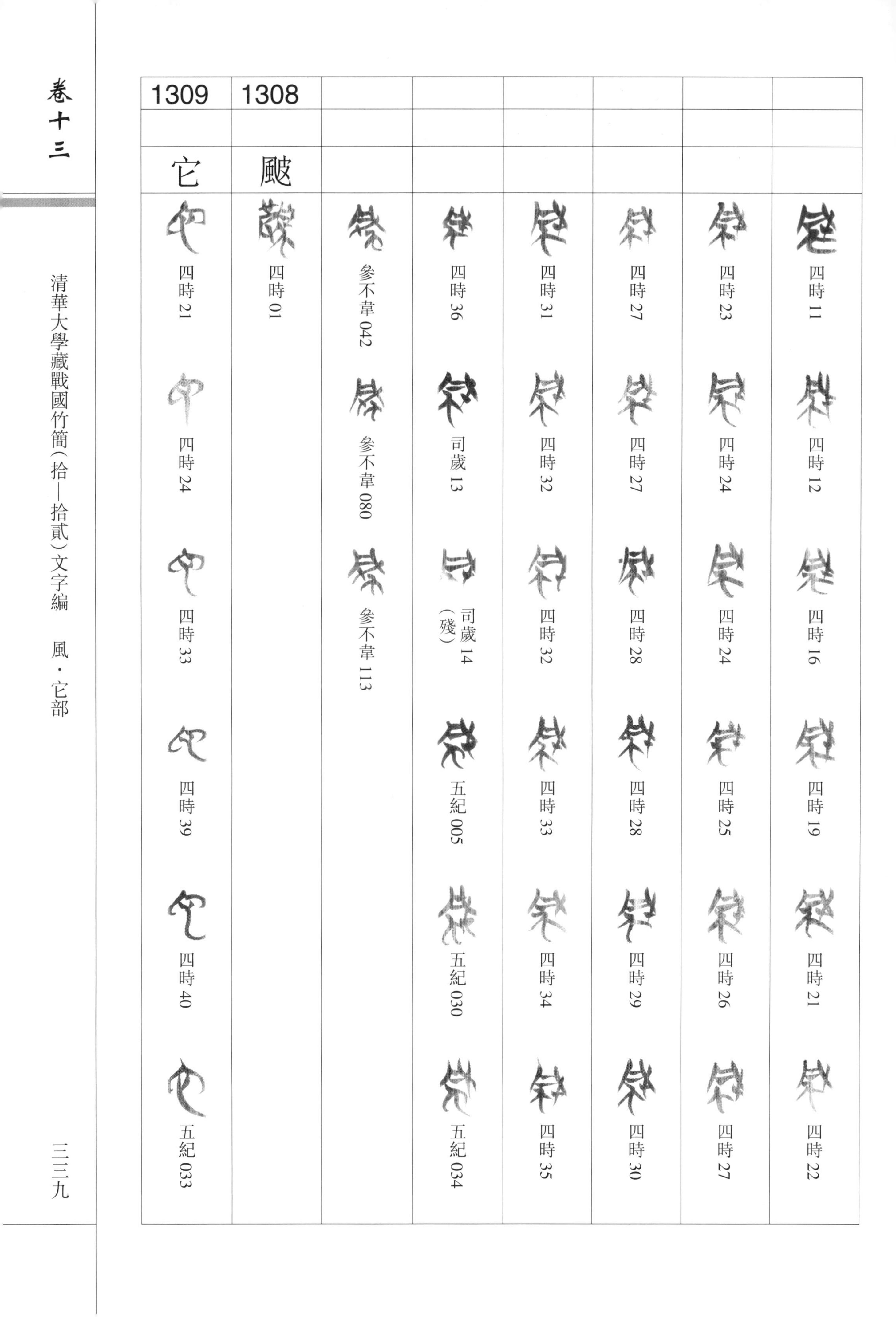

四時11　四時12　四時16　四時19　四時21　四時22

四時23　四時24　四時24　四時25　四時26　四時27

四時27　四時27　四時28　四時28　四時29　四時30

四時31　四時32　四時32　四時33　四時34　四時35

四時36　司歲13　司歲14（殘）　五紀005　五紀030　五紀034

參不韋042　參不韋080　參不韋113

1308 颼

四時01

1309 它

四時21　四時24　四時33　四時39　四時40　五紀033

1311	1311	1311	1311	1311	1310	1309	1309
	［⿱奄黽］			［鼈］			
⿱叔黽	鼄	⿱罒黽	黿	⿰龜粦	龜	坨	它
 四告46（訛）	 四告23	 五紀032	 五紀032	 五紀032	 五紀033  五紀047  五紀054	 四時40	 五紀072

1313

二

四告01

四告38

四告47

四時03

四時07

四時13

四時23

四時31

司歲01

司歲02

司歲03

司歲04

司歲05

司歲06

司歲07

司歲07

司歲08

司歲09

司歲10

司歲11

司歲12

司歲12

司歲13

司歲13

行稱02

行稱03

五紀004

五紀004

五紀005

五紀005

五紀009

五紀017

五紀021

五紀083

五紀083

五紀089

參不韋021

弌

五紀046

五紀047

1313			1313		1313		
亟			亙		凡		
四告48	五紀063	四時37	四時05	四時01	四時01	㕣	四時40
五紀022	五紀072	四時42	四時21	四時20	司歲13	四時36 重見208	四時40
五紀023	四時15	參不韋038	四時27	四時24	行稱01	四時36	四時41
五紀024	四時16	參不韋052	四時29	四時24	行稱04	四時38	四時41
五紀024	四時19（重）	參不韋114	四時32	四時32	行稱08	四時38	四時42
五紀030	四時34		參不韋120		行稱09	四時39	司歲01

	1314		1314				
	［地］						
	埅		土				
五紀129	四時33	參不韋036	四告14	五紀126	五紀092	五紀037	司歲02
	五紀002	參不韋047	四告40		五紀094	五紀050	司歲12
	五紀009	參不韋088	四時16		五紀095	五紀050	五紀031
	五紀079	參不韋117	四時18		五紀111	五紀052	五紀034
	五紀096		行稱06		五紀111	五紀053	五紀036
	五紀097		五紀037		五紀112	五紀091	五紀036

1314		1314		1314	1314	1314	1314
							［封］
		均		基	堵	塡	坢
墬  五紀 011  五紀 022  五紀 026  五紀 028  五紀 037	 五紀 092  五紀 120  五紀 127  五紀 128	 行稱 01  行稱 04  行稱 05  行稱 05  五紀 102  參不韋 005	 參不韋 015  參不韋 015  參不韋 099	 參不韋 066  參不韋 067	 五紀 021	 五紀 088	 參不韋 011  參不韋 012  參不韋 057

1314	1314	1314	1314	1314		1314	1314
	［圭］						
壄	珪	壇	毀	增		型	墨
					[illegible]		
四告 19（重）	四告 18 重見 106	參不韋 086	參不韋 073	四告 23		四告 08	四時 31
	五紀 115	參不韋 109	參不韋 074		五紀 028	四告 13	五紀 006
		參不韋 109	參不韋 117		五紀 058	行稱 08	
		參不韋 110			五紀 121	五紀 016	
					五紀 128	五紀 127	
					五紀 128		

1314	1314	1314	1314	1314	1314	1314	1314
⿰土予	坨	㞷	圼	⿹戈金	⿹戈土	⿱亼圭	塼
 五紀 049	 五紀 028	 五紀 012	 五紀 003	 五紀 049	 五紀 004	 五紀 021	 四告 40
 五紀 088	 五紀 030	 五紀 066		 五紀 052	 五紀 045		 五紀 122
	 五紀 035	 五紀 068		 五紀 055	 五紀 075		
	 五紀 076	 五紀 071			 五紀 076		
					 五紀 078		

1314	1314	1314	1314	1314	1314	1314	1314
堂	至	圣	厔	𨳇土	漳	墨	隹土
 五紀 050  五紀 053  五紀 052	 五紀 054	 五紀 059（訛）  五紀 061（訛）	 五紀 060  五紀 060  五紀 061  五紀 068	 五紀 076  五紀 084	 五紀 079	 五紀 096	 五紀 106  五紀 108

編號		字頭	字形	出處
1314		坸		五紀 117
				參不韋 089
1314		⿰土咠		五紀 120
1314		埸		參不韋 037
1314		⿰土卯		參不韋 005
1314		⿱堇土		參不韋 007
				參不韋 010
				參不韋 031
				參不韋 043
1314		壘		參不韋 013
1314		⿰土巿		參不韋 016
1314		垂		參不韋 035
				參不韋 083

1316	1316	1314	1314	1314	1314	1314	1314
[illegible]	堇	[illegible]	埜	[illegible]	[illegible]	堬	墪

四告 32	叄不韋 003	五紀 030 重見 1411	四告 27 重見 1317	叄不韋 013 重見 1301	叄不韋 113 重見 1113	叄不韋 085	叄不韋 037

1318	1318	1318	1318	1318		1317	1317
		［晙］	［晦］			［野］	
畜	留	畂	畮	田		埜	釐
 五紀030	 四時11	 四告11	 四告33	 參不韋056	 行稱07	 四告27 重見1314	 參不韋011
 五紀044	 參不韋033	 四告12	 四時06	 參不韋056		 四告28（重）	 參不韋012
		 四告22				 四告30	
						 四告31	
						 四告31	
						 四告37	

1319	1320			1321	1322	1322	1322
［畺］							［助］
疆	黃			男	力	功	⿰月堇
參不韋 012	五紀 006	五紀 104	五紀 108	四告 09	四告 02	四告 16	四告 13 重見 438
參不韋 057	五紀 018（重）	五紀 104	五紀 109	五紀 031	五紀 058		
	五紀 022	五紀 104	五紀 109		五紀 123		
	五紀 097	五紀 106	五紀 100		五紀 124		
	五紀 098	五紀 107	五紀 101				
	五紀 102	五紀 108	五紀 103（殘）				

1322	1322	1323	1323
加	勬	[力力]	[力力/肙]
 五紀 050  五紀 050  五紀 053  五紀 061  五紀 118  五紀 122	 四告 30	 司歲 06	 四告 12  五紀 067

1404		1403	1401	1401	1401	1401	1401
尻		与	鉤	鑴	⿰⿱金貝窶	鍏	金
 四告03	 參不韋107	 參不韋014	 四時04 重見307	 四時10	 四告22	 五紀100	 四告22
 五紀021	 五紀080	 參不韋015		 四時21			 五紀034
 五紀089	 五紀092	 參不韋029					
 五紀093	 五紀080	 參不韋080					
 五紀093	 五紀081	 參不韋107					
 五紀093		 參不韋107					

1406			1406	1405		1405	1404
［新］							
新			所	組		且	凥
 五紀 120	 參不韋 098  參不韋 106	 五紀 057  五紀 071  五紀 074  五紀 096  參不韋 095  參不韋 098（殘）	 四告 03  四告 08  五紀 017  五紀 044  五紀 045  五紀 056	 參不韋 103  參不韋 104  參不韋 104	 參不韋 048  參不韋 084	 四告 17  五紀 031  五紀 031  五紀 106  五紀 120  參不韋 034	 參不韋 117

1409	1409	1409	1409	1408	1407	1407	1406
［輹］							
⿰車⿳𠂉日各	軫	輅	車	矛	⿰王斗	升	訢
 四時 01	 五紀 026	 參不韋 043	 四告 18	 參不韋 114	 五紀 026	 五紀 041	 四告 11
 四時 16	 五紀 078	 參不韋 044	 四時 29		 五紀 027		
 四時 29	 五紀 084	 參不韋 063	 五紀 048				

1411	1410	1409		1409	1409	1409	1409
					［轄］		
陵	官	⿰車巤		⿰車它	⿰車禹	軍	載
 參不韋 036	 五紀 121	 行稱 06	 四時 25	 四時 02	 四時 02	 五紀 101	 四時 29
 參不韋 056	 五紀 129		 四時 28	 四時 05	 四時 08	 五紀 118	
			 四時 30	 四時 08	 四時 20		
				 四時 17			
				 四時 20			
				 四時 23			

1411	1411	1411			1411		1411
					［隆］		
陽	陟	降			隆		陎
 四時 01	 四告 06  四告 47	 四告 40  四告 47  五紀 037	隆  四時 13 重見 213  四時 19  四時 20  四時 26	隆  五紀 030 重見 1314  五紀 044  五紀 070	 參不韋 031	隞  四告 40 重見 348	 四時 24

1411	1411	1411		1411	1411	1414	
⿰阝寺	⿰阝訾	陛		⿰阝蚩	⿰阝於	四	
四告21	五紀032	行稱06	參不韋072	五紀117	參不韋008（殘）	四告05	四時02
	五紀036	參不韋010			參不韋119	四告06	四時03
	五紀052	參不韋012				四告11	四時03
	五紀127	參不韋040				四告36	四時03
		參不韋041				四時01	四時04
		參不韋071				四時02	四時04

四時04	四時06	四時07	四時08	四時12	四時21（重）	四時25	四時30
四時04	四時06	四時07	四時08	四時13	四時22	四時25	四時32
四時05	四時06	四時07	四時09	四時16	四時23	四時26	四時33
四時05	四時06	四時07	四時09	四時17	四時23	四時27	四時33
四時05	四時06	四時07	四時10	四時18	四時24	四時28	四時33
四時05	四時06	四時08	四時11	四時20	四時24	四時29	四時34

1414

四

四時35	四時35	四時36	四時36	司歲01	五紀115	行稱03	五紀005
四時35	四時35	四時36	四時36	五紀088	參不韋011	行稱08	五紀005
四時35	四時35	四時36	四時36	五紀098	參不韋011	五紀001	五紀009
四時35	四時35	四時36	四時36	五紀098	參不韋012	五紀001	五紀017
四時35	四時36	四時36	四時37	五紀098	參不韋015	五紀004	五紀019
四時35	四時36	四時36	四時38	五紀098	行稱01	五紀004	五紀025

五紀026
五紀026
五紀027
五紀037
五紀038
五紀038

五紀039
五紀041
五紀042
五紀043
五紀061
五紀061

五紀061
五紀063（殘）
五紀065
五紀070
五紀072
五紀079

五紀087
五紀087
五紀089
五紀093
五紀097
五紀097

五紀097
五紀097
五紀102
五紀102
五紀103
五紀103

五紀103
五紀103
五紀103
五紀105
五紀106
五紀107

五紀109
五紀115
五紀116
參不韋021
參不韋045
參不韋096

五紀090
五紀115
五紀125

1414	1417	1417	1418				
	亞	⿱亞口	五				
三	五紀 029	行稱 04 重見 208	四時 06	行稱 01	五紀 002	五紀 005	五紀 021
五紀 030	參不韋 088	行稱 09	四時 10	行稱 02	五紀 003	五紀 010	五紀 022
五紀 039		行稱 10	四時 16	行稱 03	五紀 003	五紀 016	五紀 025
五紀 058		行稱 10	四時 19	行稱 06	五紀 004	五紀 016	五紀 032
五紀 066		行稱 10	四時 34	五紀 002	五紀 004	五紀 017	五紀 033
五紀 072			司歲 01	五紀 002（重）	五紀 005	五紀 018	五紀 035

五紀 044	五紀 070	五紀 105	五紀 107	五紀 112	五紀 112	五紀 120	五紀 128
五紀 045	五紀 077	五紀 106	五紀 107	五紀 112	五紀 120	五紀 121	五紀 128
五紀 062	五紀 097	五紀 107	五紀 107	五紀 112	五紀 120	五紀 121	參不韋 001
五紀 062	五紀 099（重）	五紀 107	五紀 107	五紀 112	五紀 120	五紀 123	參不韋 001
五紀 068	五紀 101	五紀 107	五紀 110	五紀 112	五紀 120	五紀 124	參不韋 001
五紀 069	五紀 104	五紀 107	五紀 112	五紀 112	五紀 120	五紀 128	參不韋 001

1418

五

參不韋 002
參不韋 004
參不韋 005
參不韋 005
參不韋 005
參不韋 005
參不韋 005
參不韋 006
參不韋 006
參不韋 007
參不韋 007
參不韋 009
參不韋 012
參不韋 015
參不韋 016
參不韋 017
參不韋 017
參不韋 017
參不韋 017
參不韋 017
參不韋 024
參不韋 024
參不韋 025
參不韋 025
參不韋 025
參不韋 027
參不韋 027
參不韋 027
參不韋 027
參不韋 027
參不韋 028
參不韋 029
參不韋 030
參不韋 040
參不韋 040
參不韋 055
參不韋 055
參不韋 057
參不韋 057
參不韋 065
參不韋 065
參不韋 081（重）
參不韋 089
參不韋 089
參不韋 090
參不韋 090
參不韋 090
參不韋 098

	1420				1419		
	七				六		
四時16	四時02	五紀129	五紀044	司歲02	四時07	參不韋116	參不韋098
四時27	四時03		五紀086	行稱01	四時17		參不韋099
四時35	四時04		五紀108	五紀025	四時26		參不韋099
四時37	四時05		五紀121	五紀027	四時34		參不韋099
五紀027	四時08		五紀121	五紀030	司歲01		參不韋105
五紀072	四時14		五紀129	五紀030	司歲01		參不韋111

1420	1421	1422		1422			
		［禽］					
七	九	禽		萬			
參不韋 007	四告 11	四告 16 重見 539	君	四告 13	司歲 04	司歲 09	五紀 002
參不韋 097	四時 09	四告 18	五紀 033	四告 17	司歲 05	司歲 10	五紀 030
參不韋 103	四時 20	四告 48		四告 49	司歲 06	司歲 11	五紀 031
參不韋 109	四時 29	司歲 06		司歲 01	司歲 07	司歲 12	五紀 034
	參不韋 112			司歲 02	司歲 08	司歲 13	五紀 044
	參不韋 116			司歲 03	司歲 08	司歲 13	五紀 057

	1424		1423	1422	1422		
			［嘼］				
	甲		獸	禽	禹		
 五紀039	 五紀036	 五紀077	 四告29	 四時25 重見739	 四告40	 五紀108	 五紀074
 五紀080	 五紀037		 四時29			 五紀108	 五紀079
 五紀081	 五紀037		 四時31				 五紀091
 五紀082	 五紀038		 四時32				 五紀098
 五紀085	 五紀038		 四時41				 五紀103
 五紀085	 五紀039		 四時42				 五紀106

1424	1425	1427		1428			
甲	乙	丁		成			
 五紀085	 四告02	 四告10	 司歲14	 四告03	 五紀020	 五紀067	 參不韋045
		 四告16		 四告11	 五紀020	 五紀079	 參不韋046
		 四告18		 四告45	 五紀021	 五紀098	
		 四告18		 五紀018	 五紀021	 五紀099	
		 四告38		 五紀018	 五紀028	 五紀127	
		 四告47		 五紀020	 五紀056	 參不韋045	

1432	1432	1432	1432	1432	1432	1432	1431
			［辤］				
⿰⿱辛月⿱辛日	⿰辛彐	⿰彐辛	辝	⿱日辛	辠	辛	庚
 四告 32	 參不韋 101  參不韋 121	 參不韋 021	 四告 03  四告 49	 參不韋 014 重見 402	 參不韋 072  參不韋 073	 參不韋 087	 參不韋 121

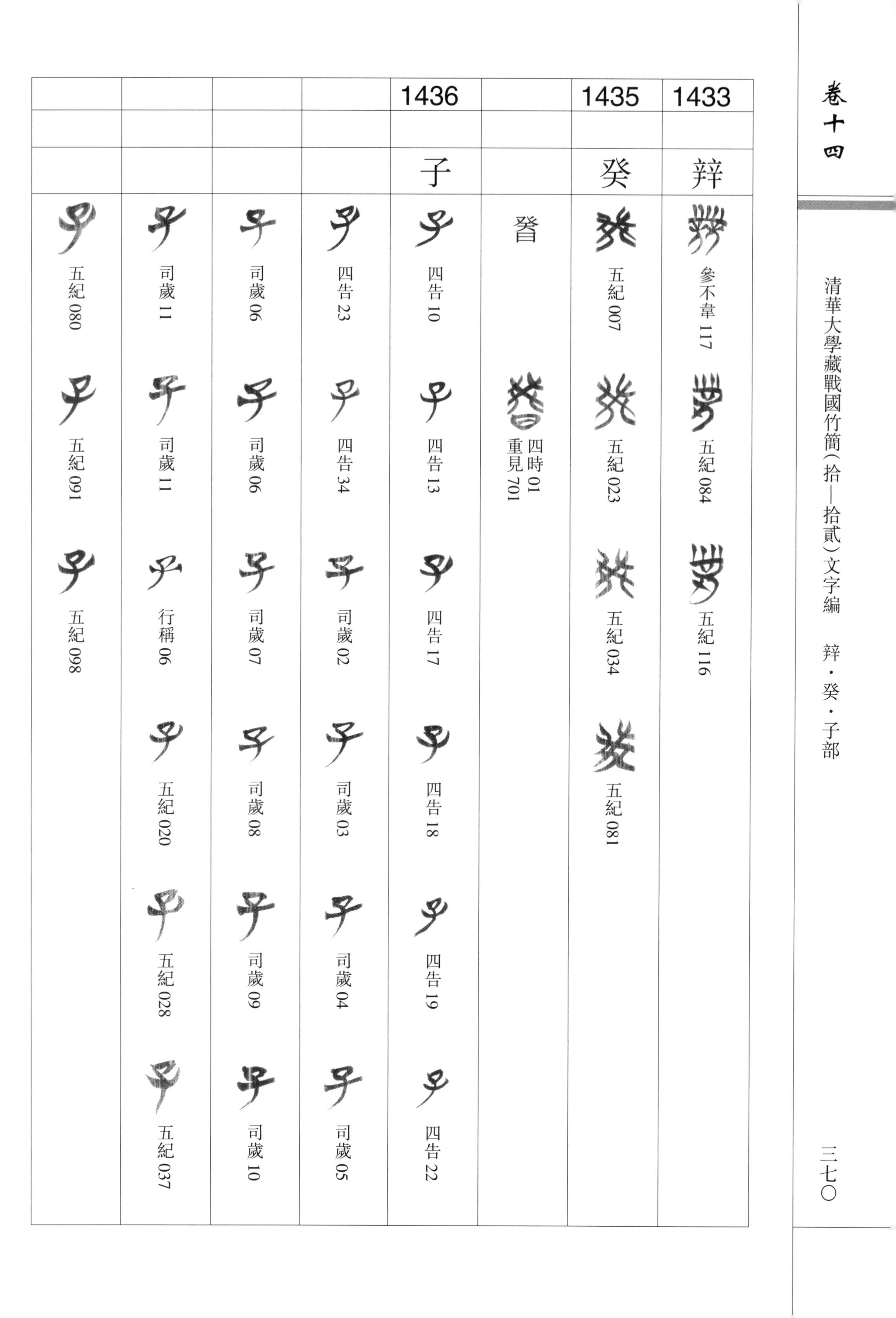

1433	1435		1436				
辡	癸		子				
參不韋117	五紀007	⿱癸日	四告10	四告23	司歲06	司歲11	五紀080
五紀084	五紀023	四時01 重見701	四告13	四告34	司歲06	司歲11	五紀091
五紀116	五紀034		四告17	司歲02	司歲07	行稱06	五紀098
	五紀081		四告18	司歲03	司歲08	五紀020	
			四告19	司歲04	司歲09	五紀028	
			四告22	司歲05	司歲10	五紀037	

1436			1436	1436			1436
挽			季	孟			孥
 五紀059	 參不韋066	 參不韋095	 四時07	 四時02	 四時35	 四時42	 參不韋041
 五紀078	 參不韋066		 四時16	 四時09	 四時38	 四時42	
 參不韋066	 參不韋067		 四時25	 四時10	 四時39		
 參不韋066	 參不韋067		 四時32	 四時11	 四時39		
 參不韋066	 參不韋067		 四時36	 四時20	 四時40		
 參不韋066	 參不韋067			 四時27	 四時40		

1436		1439	1440			1441	
敦		𠫓	丑			寅	
 五紀032 重見348	享	 五紀055	 司歲02	 司歲08	 五紀020	 司歲02	 司歲07
 五紀035	 五紀129	 五紀071	 司歲03	 司歲09	 五紀028	 司歲03	 司歲08
 五紀044			 司歲04	 司歲09		 司歲04	 司歲09
			 司歲05	 司歲10		 司歲05	 司歲10
			 司歲05	 司歲11		 司歲06	 司歲11
			 司歲07	 司歲12		 司歲07	 司歲12

	1442			1442	1443	1444	
	卯			鼏	唇	巳	
 五紀020	 司歲02	 司歲08	 五紀020	 五紀025 重見706	 四告18 重見706	 四告43	 司歲06
 五紀028	 司歲03	 司歲08	 五紀029			 四時43	 司歲06
 五紀039	 司歲04	 司歲09				 司歲02	 司歲07
 五紀085	 司歲05	 司歲10				 司歲03	 司歲08
	 司歲05	 司歲11				 司歲04	 司歲09
	 司歲06	 司歲12				 司歲05	 司歲10

1444		1444					
巳		以					
司歲 11	參不韋 064	四告 07	四告 32	四時 03	四時 08	四時 12	四時 15
五紀 012	參不韋 065	四告 09	四告 32	四時 04	四時 09	四時 12	四時 17
五紀 020		四告 13	四告 33	四時 04	四時 10	四時 12	四時 17
五紀 029		四告 18	四告 33	四時 05	四時 10	四時 13	四時 17
五紀 095		四告 31	四告 43	四時 06	四時 10	四時 14	四時 21
參不韋 034		四告 32	四時 01	四時 08	四時 11	四時 14	四時 22

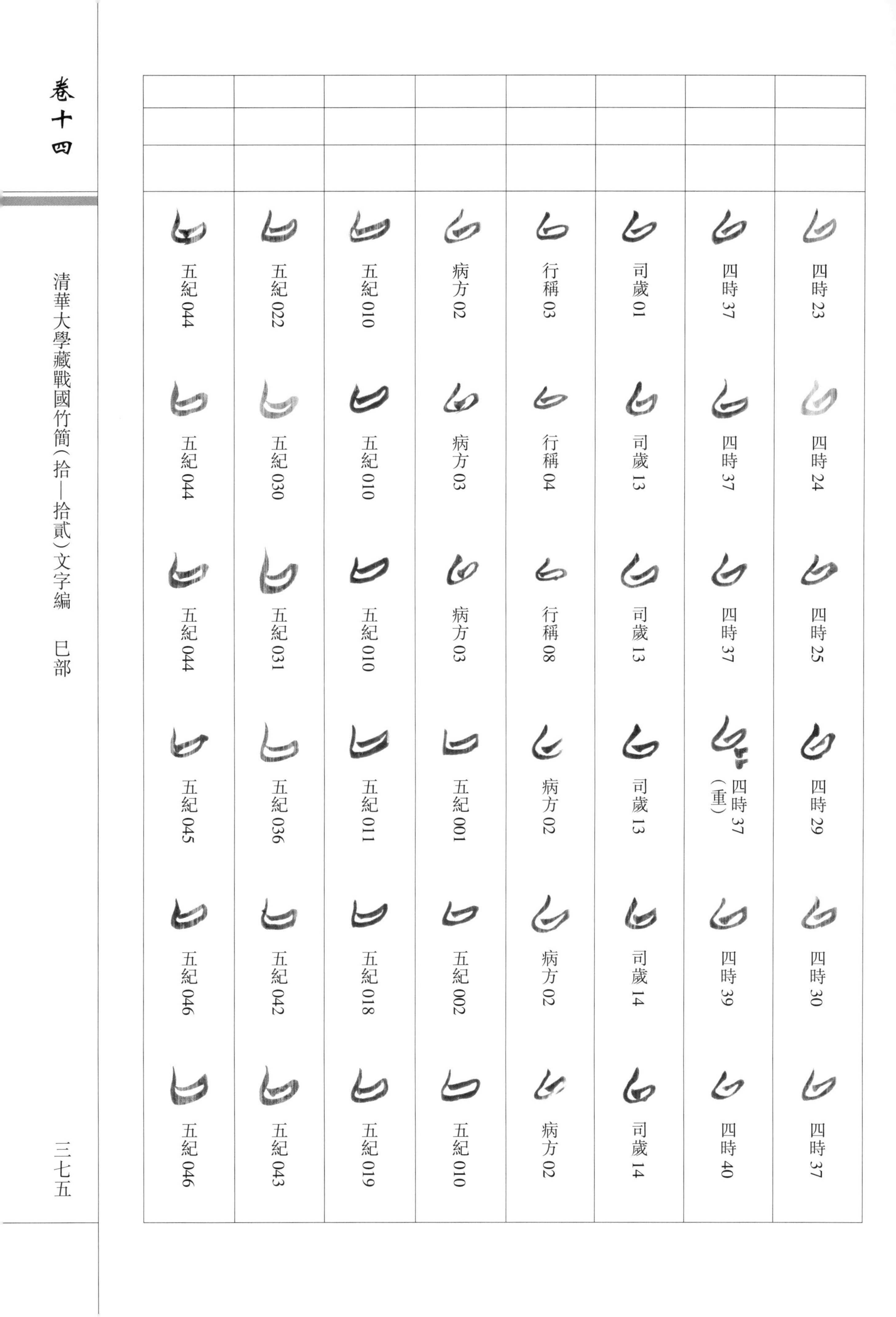

四時23	四時37	司歲01	行稱03	病方02	五紀010	五紀022	五紀044
四時24	四時37	司歲13	行稱04	病方03	五紀010	五紀030	五紀044
四時25	四時37	司歲13	行稱08	病方03	五紀010	五紀031	五紀044
四時29	四時37（重）	司歲13	病方02	五紀001	五紀011	五紀036	五紀045
四時30	四時39	司歲14	病方02	五紀002	五紀018	五紀042	五紀046
四時37	四時40	司歲14	病方02	五紀010	五紀019	五紀043	五紀046

1444

以

五紀 047	五紀 051	五紀 068	五紀 100	五紀 110	五紀 111	五紀 124	參不韋 002
五紀 048	五紀 051	五紀 073	五紀 102	五紀 110	五紀 111	五紀 124	參不韋 003
五紀 048	五紀 056	五紀 073	五紀 108	五紀 110	五紀 111	五紀 124	參不韋 005
五紀 048	五紀 056	五紀 088	五紀 108	五紀 110	五紀 118	五紀 125	參不韋 007
五紀 048	五紀 057	五紀 092	五紀 110	五紀 110	五紀 122	五紀 126	參不韋 010
五紀 049	五紀 061	五紀 092	五紀 110	五紀 111	五紀 124	五紀 128	參不韋 012

參不韋 014
參不韋 015
參不韋 015
參不韋 016
參不韋 017
參不韋 017

參不韋 019
參不韋 026
參不韋 028
參不韋 029
參不韋 030
參不韋 037

參不韋 037
參不韋 039
參不韋 043
參不韋 045
參不韋 046
參不韋 059

參不韋 062
參不韋 065
參不韋 065
參不韋 065
參不韋 065
參不韋 071

參不韋 072
參不韋 072
參不韋 073
參不韋 078
參不韋 079
參不韋 083

參不韋 092
參不韋 096
參不韋 100
參不韋 109
參不韋 110
參不韋 112

參不韋 116
參不韋 120
參不韋 122

1445 午

司歲 02
司歲 03
司歲 04
司歲 05
司歲 06
司歲 06

	1447				1446		1445
	申				未		午
司歲 07	司歲 02	五紀 029	司歲 09	司歲 04	四告 06	五紀 020	司歲 08
司歲 08	司歲 03	參不韋 002	司歲 10	司歲 05	四告 34	五紀 029	司歲 08
司歲 09	司歲 04	參不韋 005	司歲 11	司歲 06	四告 45	五紀 038	司歲 09
司歲 10	司歲 05	參不韋 017	司歲 12	司歲 06	四時 36	五紀 085	司歲 10
司歲 11	司歲 06	參不韋 025	行稱 04	司歲 08	司歲 02		司歲 10
司歲 12	司歲 07		五紀 020	司歲 08	司歲 03		司歲 11

	1448	1448	1448	1448	1448		1448
							［醬］
	酉	⿱亣酉	⿴酉大	酓	配		⿰爿酉
 五紀 020  五紀 029  五紀 038  五紀 082	 病方 02  病方 02  五紀 033	 司歲 02 重見 601	 司歲 03 重見 601	 病方 02 重見 835  病方 02	 四告 01  四告 11  四告 14  四告 38  五紀 010  五紀 045	 五紀 106  五紀 109  五紀 115  參不韋 015	 四告 18  行稱 08  行稱 08  行稱 09  行稱 09  行稱 09

1451			1450	1448	1448		1448
							[醬]
亥			戌	⿱亝酉	⿸广⿱亝酉		⿰爿酉
 司歲 02	 五紀 021	 司歲 07	 司歲 02	 五紀 128	 五紀 032 重見 525	 五紀 100	 行稱 09
 司歲 04	 五紀 029	 司歲 08	 司歲 03	 五紀 129		 五紀 106	 行稱 10
 司歲 06	 五紀 037	 司歲 09	 司歲 03				 行稱 10
 司歲 07	 五紀 081	 司歲 10	 司歲 04				 行稱 10（殘）
 司歲 07		 司歲 11	 司歲 06				 五紀 051
 司歲 08		 司歲 12	 司歲 07				 五紀 052

司歲09

司歲10

司歲11

司歲12

五紀021

五紀029

⿱亥口

司歲03 重見208

司歲05

字頭	釋文	字形
昊=	昊天	 四告06  四告22
帝=	上帝	 四告04  四告17  四告43  四告44
玟=	文王	 四告26
玟	文王	 四告34  四告35
珷=	武王	 四告05  四告26
乳=	乳子	 四告06  四告07  四告10
⿱小子=	小子	 四告43  四告43  四告44  四告44  四告46
⿱小子	小子	 四告03  四告10  四告23

⿱小子〓	拜〓		⿰旨頁〓		⿱至于〓	⿱至于	㞷〓
小子  四告20	拜手  四告01  四告16  四告23  四告26  四告37	 四告38	稽首  四告01  四告16  四告23  四告26  四告37	 四告38	至于  四時15	至于  四告07	往之  四告18

字頭	釋讀	字形
父羊=	父羊	 四告01
父豕=	父豕	 四告01  四告38
卡=	上下	 五紀042  五紀048  五紀054  五紀058  五紀092
	 五紀095	
卡	上下	 四告47
昌=	日月	 四時17  四時27  五紀043  五紀073  五紀101
	 參不韋045	
之月=	之月	 四時36

字頭	釋文	字形
盟=	明日	 四時19
旨=	七日	 四時07  四時08  四時09  四時09  四時10
		 四時11  四時13  四時15  四時17  四時18  四時19
		 四時20  四時22  四時23  四時24  四時25  四時25
		 四時27  四時28  四時30  四時30  四時31  四時33
		 四時34  四時34
旨	七日	 四時32
八日=	八日	 四時03

十日＝			十日	十二	十四＝	十七＝	十八＝
十日	四時23	四時39	十日	十二	十四	十七	十八
四時06	四時26	四時39	四時11	司歲13	四時15	四時06	四時19
四時14	四時28	四時40			四時15	四時18	
四時18	四時31	四時40			四時31	四時21	
四時21	四時33	司歲14				四時26	
四時21	四時38					四時29	

廿＝

二十

四時04
四時04
四時04
四時04
四時06
四時07

四時07
四時09
四時09
四時09
四時12
四時12

四時13
四時16
四時16
四時16
四時19
四時19

四時19
四時21
四時22
四時22
四時22
四時22

四時23
四時24
四時24
四時24（殘）
四時25
四時25

四時25（殘）
四時26
四時27
四時27
四時27
四時28

四時29
四時29
四時29
四時30
四時32
四時32

四時32
四時34
四時34
四時34
五紀027
五紀027

字頭	釋讀	字形
廿	二十	 四時27
卅=	三十	 四時30  四時30  四時31  四時32  四時33
		 四時34  四時34  四時35  四時37
⿱臤牛=	牽牛	 五紀025  五紀075
⿱矛女=	婺女	 五紀025  五紀075
⿱𤇾室=	營室	 五紀025  五紀076
婁=	婁女	 五紀025  五紀076
⿱七星=	七星	 五紀026

⿱七星	⿱𠂇右＝	⿸𠂇又＝	瑞＝	⿰爿死＝
七星	左右	左右	顓頊	壯死
 五紀 078	 五紀 041  五紀 087	 五紀 092	 五紀 080	 五紀 094

四告

一 四告1（背）

二  四告2（背）

三  四告3（背）

四  四告4（背）

五  四告5（背）

六  四告6（背）

七  四告7（背）

八  四告8（背）

九  四告9（背）

十  四告10（背）

十一  四告11（背）

十二  四告12（背）

十三  四告13（背）

十四  四告14（背）

十六  四告16（背）

十七  四告17（背）

十八  四告18（背）

十九  四告19（背）

二十  四告20（背）

二十一  四告21（背）

二十二  四告22（背）

二十三  四告23（背）

二十四  四告24（背）

二十六  四告26（背）

二十七

四告27（背）

二十八

四告28（背）

二十九

四告29（背）

三十

四告30（背）

三十一

四告31（背）

三十二

四告32（背）

三十三

四告33（背）

三十四

四告34（背）

三十五
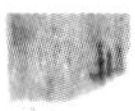
四告35（背）（殘）

三十六

四告36（背）

三十七

四告37（背）

三十八

四告38（背）

四十

四告40（背）

四十二

四告42（背）

四十三

四告43（背）

四十三

四告44（背）

四十五

四告45（背）

四十六

四告46（背）

四十七

四告47（背）

四十八

四告48（背）

四十九

四告49（背）

五十

四告50（背）

四時		
四  四時04	五  四時05	六  四時06
七  四時07	八  四時08	十  四時10
十一  四時11	十二  四時12	十三  四時13
十四  四時14	十五  四時15	十六  四時16
十七  四時17	十八  四時18	十九  四時19
二十  四時20	二十一  四時21	二十二  四時22
二十三  四時23	二十四  四時24	二十九  四時29
三十  四時32	三十五  四時35	三十六  四時36

	三十七  四時37	三十八  四時38	三十九  四時39
	四十  四時40	四十一  四時41	四十二  四時42
	四十三  四時43		
司歲	四十五  司歲02	四十六  司歲03	四十七  司歲04
	四十八  司歲05	四十九  司歲06	五十  司歲07
	五十一  司歲08	四十七  司歲09	四十八  司歲10
	四十九  司歲11	五十  司歲12	五十一  司歲13
	五十二  司歲14	五十三  司歲15	

行稱				病方		五紀	
一  行稱01	四  行稱04	七  行稱07	十  行稱10	十三  病方02	十七  病方17(殘)	一 五紀001	四  五紀004
二  行稱02	五  行稱05	八  行稱08	十一  行稱11	十四  病方03	十八  病方18	二  五紀002	五  五紀005
三  行稱03	六  行稱06	九  行稱09		十六  病方16	十九  病方19	三  五紀003	六  五紀006

字頭	字形	出處
七		五紀 007
八		五紀 008
九		五紀 009
十		五紀 010
十一		五紀 011
十二		五紀 012
十三		五紀 013
十六		五紀 016
十七		五紀 017
十八		五紀 018
十九		五紀 019
二十		五紀 020
二十一		五紀 021
二十三		五紀 023
二十五		五紀 025
二十六		五紀 026
二十七		五紀 027
二十八		五紀 028
二十九		五紀 029
三十		五紀 030
三十一		五紀 031
三十二		五紀 032
三十三		五紀 033
三十四		五紀 034

三十五

五紀 035

三十六

五紀 036

三十七

五紀 037

三十八

五紀 038

三十九

五紀 039

四十

五紀 040

四十一

五紀 041

四十二

五紀 042

四十三

五紀 043

四十四

五紀 044

四十五

五紀 045

四十六

五紀 046

四十七

五紀 047

四十八

五紀 048

四十九

五紀 049

五十

五紀 050

五十一

五紀 051

五十二

五紀 052

五十三

五紀 053

五十四

五紀 054

五十五

五紀 055

五十六

五紀 056

五十七

五紀 057

五十八

五紀 058

五十九

五紀059

六十

五紀060

六十一

五紀061

六十二

五紀062

六十三

五紀063

六十四

五紀064

六十五

五紀065

六十六

五紀066

六十七

五紀067

六十八

五紀068

六十九

五紀069

七十

五紀070

七十一

五紀071

七十二

五紀072(殘)

七十三

五紀073

七十五

五紀075

七十六

五紀076

七十七

五紀077

七十八

五紀078

七十九

五紀079

八十

五紀080

八十一

五紀081

八十二

五紀082

八十三

五紀083

八十四

五紀 084

八十五

五紀 085

八十六

五紀 086

八十七

五紀 087

八十八

五紀 088

八十九

五紀 089

九十

五紀 090

九十一

五紀 091

九十二

五紀 092

九十三

五紀 093

九十四

五紀 094

九十五

五紀 095

九十六

五紀 096

九十七

五紀 097

九十八

五紀 098

九十九

五紀 099

百

五紀 100

百二

五紀 102

百三

五紀 103

百四

五紀 104

百五

五紀 105

百六

五紀 106

百七

五紀 107

百八

五紀 108

百九		五紀 109
百十		五紀 110（殘）
百十一		五紀 111
百十二		五紀 112
百十五		五紀 115
百十六		五紀 116
百十七		五紀 117
百十八		五紀 118
百十九		五紀 119
百二十		五紀 120
百二十一		五紀 121
百二十二		五紀 122
百二十四		五紀 123
百二十五		五紀 124
百二十六		五紀 125
百二十七		五紀 126
百二十八		五紀 127
百二十九		五紀 128
百三十		五紀 129（殘）
百三十一		五紀 130

參不韋

一		參不韋 001（背）
二		參不韋 002（背）
三		參不韋 003（背）

四

參不韋 004（背）

五

參不韋 005（背）

六

參不韋 006（背）

七

參不韋 007（背）

八

參不韋 008（背）

九

參不韋 009（背）

十

參不韋 010（背）

十一

參不韋 011（背）

十二

參不韋 012（背）（殘）

十三

參不韋 013（背）

十四

參不韋 014（背）

十五

參不韋 015（背）

十七

參不韋 017（背）

十八

參不韋 018（背）

十九

參不韋 019（背）

二十

參不韋 020（背）

二十一

參不韋 021（背）

二十二

參不韋 022（背）

二十三

參不韋 023（背）

二十四

參不韋 024（背）

二十五

參不韋 025（背）

二十六

參不韋 026（背）

二十七

參不韋 027（背）

二十八

參不韋 028（背）

二十九

參不韋 029（背）

三十

參不韋 030（背）

三十一

參不韋 031（背）

三十二

參不韋 032（背）

三十三

參不韋 033（背）

三十四

參不韋 034（背）

三十五

參不韋 035（背）

三十六

參不韋 036（背）

三十七

參不韋 037（背）

三十八

參不韋 038（背）

三十九

參不韋 039（背）

四十

參不韋 040（背）

四十一

參不韋 041（背）

四十二

參不韋 042（背）

四十三

參不韋 043（背）

四十四

參不韋 044（背）

四十五

參不韋 045（背）

四十六

參不韋 046（背）

四十七

參不韋 047（背）

四十八

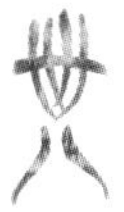

參不韋 048（背）

四十九

參不韋 049（背）

五十

參不韋 050（背）

五十一

參不韋 051（背）

五十二

參不韋 052（背）

五十三

參不韋 053（背）

五十四

參不韋 054（背）

五十五

參不韋 055（背）

五十六

參不韋 056（背）

五十七

參不韋 057（背）

五十八

參不韋 058（背）

五十九

參不韋 059（背）

六十

參不韋 060（背）

六十一

參不韋 0061（背）（殘）

六十二

參不韋 062（背）

六十三

參不韋 063（背）

六十四

參不韋 064（背）

六十五

參不韋 065（背）

六十六

參不韋 066（背）

六十七

參不韋 067（背）

六十八

參不韋 068（背）

六十九

參不韋 069（背）

七十

參不韋 070（背）

七十一

參不韋 071（背）

七十二

參不韋 072（背）

七十三

參不韋 073（背）

七十四

參不韋 074（背）

七十五

參不韋 075（背）

七十六

參不韋 076（背）

七十七

參不韋077（背）

七十八

參不韋078（背）

七十九

參不韋079（背）

八十

參不韋080（背）

八十一

參不韋081（背）

八十二

參不韋082（背）

八十三

參不韋083（背）

八十四

參不韋084（背）

八十四

參不韋085（背）

八十五

參不韋086（背）

八十六

參不韋087（背）（殘）

八十七

參不韋088（背）

八十八

參不韋089（背）

八十九

參不韋090（背）

九十

參不韋091（背）

九十一

參不韋092（背）

九十二

參不韋093（背）

九十三

參不韋094（背）（殘）

九十四

參不韋095（背）

九十五

參不韋096（背）

九十六

參不韋097（背）

九十七

參不韋098（背）

九十八

參不韋099（背）

九十九

參不韋100（背）

百

參不韋 101（背）

百一

參不韋 102（背）

百二

參不韋 103（背）

百三

參不韋 104（背）

百四

參不韋 105（背）

百五

參不韋 106（背）

百六

參不韋 107（背）

百七

參不韋 108（背）

百八

參不韋 109（背）

百九

參不韋 110（背）

百十

參不韋 111（背）

百十一

參不韋 112（背）

百十二

參不韋 113（背）

百十三

參不韋 114（背）

百十四

參不韋 115（背）

百十五

參不韋 116（背）

百十六

參不韋 117（背）

百十七

參不韋 118（背）

百十八

參不韋 119（背）

百十九

參不韋 120（背）

百二十

參不韋 121（背）

百二十一

參不韋 122（背）

百二十二

參不韋 123（背）

百二十三

參不韋 124（背）

 四告21  四告27  四告38  四時03  四時03  四時42	 病方02  五紀117  參不韋016（殘）  參不韋019  參不韋091  參不韋100	 參不韋056（殘） 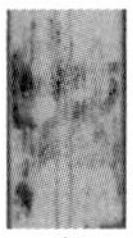 參不韋094  參不韋098（殘）  參不韋112					

拼音檢索表

A		
ai	哀	32
ai	盇	153
ai	炁	275
ai	悐	278
ai	𥕬	296
an	安	211
an	䧹	242
an	女	311
ao	㬳	268
B		
ba	八	24
ba	巣	71
		169
bai	百	104
bai	白	220
bai	帛	220
bai	𣅀	221
ban	班	16
bang	旁	7
bang	邦	185
bao	𤼷	192
bao	寶	211
bao	保	222
bao	飽	247
bao	暴	268
bao	戔	320
bei	㣁	122
bei	備	223
bei	伓	226
bei	北	229
bei	悲	277
ben	臬	165
		207
bi	璧	15
bi	必	26
bi	復	49
		51
bi	踔	57
		120
bi	𧑂	64
bi	卑	84
bi	皮	89
bi	敝	95
bi	鼻	105
bi	畢	113
bi	𦣞	123
bi	㓖	127
bi	𡙧	133
bi	畀	133
bi	朼	171
		228
bi	孛	178
bi	𦊊	219
bi	幣	220
bi	㡀	221
bi	敝	221
bi	比	228
bi	辟	247
bi	閉	305
bi	閉	305
bi	䪐	329
bi	綼	332
bi	𧉱	337
bi	壁	347
bian	扁	58
bian	覍	69
bian	攴	83
bian	㝸	280
bian	緶	335
bian	辡	370
biao	钕	94
biao	㬓	101
		369
biao	暴	191
biao	𢧢	192
biao	麃	257
		262
biao	戔	320
bie	鼈	340
bin	分	27
bin	賓	183
bin	㝠	212
bing	兵	68
bing	秉	81
bing	敐	94
bing	𢿱	94
bing	冰	291
bo	𢿌	96
		308
bo	剝	125
bo	白	220

bo	帛	220
bo	坡	270
bu	步	40
bu	让	48
bu	卜	97
bu	不	298
C		
cai	材	166
cai	才	170
cai	財	183
can	參	195
can	俴	225
can	戔	319
can	戔	319
can	蠢	338
cang	倉	157
cang	圌	182
cang	瘨	214
cang	痼	214
cang	瘨	214
cao	芔	21
cao	鐮	170
ce	莤	22
ce	冊	58
ce	夨	265
ce	恳	277
cha	孱	250
cha	戠	320
chai	瘽	217
chan	蠱	337
		338
chang	尚	25
chang	堂	38
chang	商	59
chang	鬯	155
chang	長	251
chang	褋	252
chang	堂	270
chao	朝	194
che	岋	81
che	車	355
chen	脣	32
chen	迪	48
chen	臣	86
chen	甚	135
chen	唇	196
		373
chen	沝	290
chen	紳	333
cheng	丮	68
cheng	爭	84
		114
cheng	爯	114
cheng	盛	151
cheng	鬷	160
cheng	兓	163
cheng	亓	163
		269
cheng	偁	224
cheng	成	368
chi	佗	53
chi	鴟	108
		112
chi	助	184
chi	屖	233
chi	尺	234
chi	赤	262
chi	氏	317
chi	宍	328
chi	勳	352
chi	陟	358
chong	茧	22
chong	粳	206
chong	舂	207
chong	寵	211
chong	室	214
chong	虫	337
chong	蟲	338
chou	萃	69
chou	戾	262
chou	州	291
chou	戳	320
chou	戴	320
chou	丑	372
chu	芻	20
chu	初	124
chu	處	151
chu	出	178
chu	眉	191
chu	怞	281
chu	紬	333
chu	畜	350
chu	尻	353
chuan	連	48
chuan	佳	225
chuan	川	290
chuang	倉	157
chun	屯	18
chun	萅	21
		192
chun	菩	21
chun	鶉	108
		112
chun	蚑	319
chuo	綽	261
chuo	綽	336
		336
ci	祡	12
ci	此	40
ci	朿	178
ci	賜	183
ci	朿	204
ci	熨	206
		261
ci	宋	215
ci	釒	369
ci	辝	369
cong	蔥	21
cong	亟	37
		135
cong	從	50
		228
cong	菐	68
cong	叢	68
cong	悤	262
		282

清華大學藏戰國竹簡(拾—拾貳)文字编

pinyin	字	頁
er	爾	99
er	而	253
er	琢	255
er	𨀥	255
er	耳	306
er	二	341
er	弍	341

F

pinyin	字	頁
fa	發	40
fa	乏	42
fa	柒	71
		169
fa	變	84
		328
fa	罰	126
fa	罪	126
		220
fa	罰	126
		219
fa	鱻	152
		257
fa	贊	185
fa	筏	215
fa	伐	225
fa	憂	241
fa	瀘	257
fa	蹕	328
fa	發	328
fan	番	27
fan	凸	34

pinyin	字	頁
		160
du	堵	135
du	都	186
du	厇	209
du	石	251
du	蜀	337
du	堵	344
du	至	347
du	厓	347
duan	端	53
duan	耑	208
duan	惴	278
dun	臺	160
dun	砱	251
dun	媏	270
duo	陂	97
		357
duo	多	203
duo	厎	209
duo	象	255
duo	隆	357

E

pinyin	字	頁
e	㗊	35
		362
e	噩	59
e	散	95
e	傻	226
e	嬡	312
e	亞	362
er	尔	24

pinyin	字	頁
de	悳	272
de	應	273
deng	登	39
deng	陞	358
di	帝	6
di	啻	31
di	攽	94
di	弟	163
di	氏	317
di	氐	319
di	纏	332
di	埅	343
di	墜	344
dian	禛	53
dian	典	133
dian	奠	133
dian	翔	180
diao	弔	225
die	傑	227
ding	奠	133
ding	定	211
ding	顁	241
ding	丁	368
dong	童	67
dong	東	169
dong	各	193
		292
dong	凍	292
dou	𢽻	147
dou	斟	355
du	跰	57
du	管	130

pinyin	字	頁
cuo	昔	191
cuo	潜	285

D

pinyin	字	頁
da	達	45
da	亶	156
da	大	263
da	犬	264
dai	刢	276
dan	延	55
dan	丹	153
dan	旦	193
dan	妲	231
dan	蟲	337
		338
dang	尚	25
dang	湯	286
dao	罶	32
dao	㦂	38
		47
dao	道	46
dao	衛	47
		56
dao	佻	225
dao	奉	267
de	遗	49
		51
de	德	50
de	旻	52
		83
de	得	52

		342
fan	反	82
fan	煩	240
fan	凡	342
fang	嗙	33
fang	放	117
fang	枋	164
fang	方	235
fei	癹	40
fei	嬃	84
		328
fei	腓	121
		259
fei	肺	121
fei	鷏	152
		257
fei	萶	155
fei	翡	242
fei	廢	250
fei	瀿	257
fei	飛	296
fei	非	297
fei	韭	328
fei	發	328
fei	弢	329
fen	分	24
fen	畜	109
fen	隼	109
fen	糞	114
		206
fen	焚	260
feng	弄	68
feng	豐	148
feng	丰	179
feng	佯	227
feng	豩	254
feng	風	338
feng	垟	344
fou	不	298
fu	福	9
fu	复	34
		51
fu	腹	39
		122
fu	遫	47
fu	復	49
		51
fu	遌	49
		51
fu	德	51
fu	弃	69
		92
fu	父	79
fu	尃	89
fu	畚	123
fu	副	125
fu	畐	160
fu	榑	167
fu	橐	181
fu	賵	185
fu	寶	185
		214
fu	寳	185
		214
fu	賵	185
fu	備	223
fu	付	224
fu	服	235
fu	憂	240
fu	卪	246
fu	夫	268
fu	溥	284
fu	砎	302
fu	扶	308
fu	弗	314
fu	縛	332
fu	塼	346
fu	臺	347
fu	轉	355
	G	
gai	嘅	32
gai	攺	92
gai	曷	139
gai	盍	153
gai	汽	286
gan	干	59
gan	敢	119
gan	肝	121
gan	甘	135
gan	歁	238
gang	剛	125
gang	亢	267
gang	弜	329
gang	絎	334
gao	告	28
gao	臺	38
gao	高	158
gao	咎	225
gao	憙	281
ge	各	32
ge	訶	64
ge	革	72
ge	敋	94
ge	會	156
ge	格	166
ge	輅	355
gen	艮	228
geng	敵	94
geng	敿	94
geng	庚	369
gong	社	12
gong	公	26
gong	龏	69
gong	共	69
gong	厷	79
gong	攻	93
gong	工	134
gong	贛	183
gong	宮	216
gong	躳	216
gong	功	351
gou	鉤	60
		353
gou	句	60
gou	詢	65
gou	枸	164

gou	耇	233
gou	坸	348
gu	古	60
gu	敎	97
		372
gu	冐	101
gu	骨	120
gu	肦	122
gu	鼓	146
gu	㽽	163
gu	固	182
gu	賈	184
gu	由	219
gu	賯	238
		241
gu	寡	241
gu	沽	284
gu	浴	287
gu	孛	372
gua	寡	241
guai	乖	110
guan	宧	83
guan	藿	109
guan	懽	276
guan	鰥	296
guan	閘	306
guan	闡	306
guan	闆	306
guan	官	356
guang	亯	147
guang	宔	213
guang	光	261
gui	䄗	13
		248
gui	珪	16
		345
gui	䰎	34
		248
gui	歸	37
gui	喬	59
gui	攴	83
gui	貴	184
gui	畏	248
gui	忢	280
gui	龜	340
gui	癸	370
gun	鯀	296
guo	亭	160
guo	果	166
guo	化	227
guo	戜	307
		321
guo	或	317
	H	
hai	害	34
		381
hai	匙	58
		226
hai	胄	123
		226
hai	剆	127
hai	眘	226
hai	澮	284
hai	海	284
hai	畨	350
hai	亥	380
han	丨	17
han	旱	34
han	旱	190
han	軓	194
han	寒	212
han	霏	294
hao	敭	94
hao	唐	150
hao	昊	193
		268
hao	好	310
he	和	30
he	盍	153
he	會	156
he	會	157
he	禾	204
he	害	213
he	河	283
hei	四	262
hei	墨	345
heng	奐	128
heng	亙	342
hong	弦	210
hong	潢	288
hong	滞	288
hong	玒	340
hou	逘	50
		52
hou	逘	50
		52
hou	句	60
hou	敂	93
hou	倈	158
hou	痡	218
hou	后	242
hu	祜	9
hu	瓠	147
		208
hu	虖	149
hu	唐	150
hu	虎	150
hu	耇	233
hu	瓜	327
hua	芋	19
		180
hua	話	64
hua	叏	86
		128
hua	陼	358
huai	罘	100
huai	櫰	167
huan	嚾	33
huan	還	45
huan	敾	94
		120
huan	睘	100
huan	莧	258
huan	寏	262
huan	洹	284
huan	緩	336

清華大學藏戰國竹簡（拾—拾貳）文字編

									J					

pinyin	字	頁		pinyin	字	頁		pinyin	字	頁		pinyin	字	頁
		230		ji	慇	274								337
jian	纃	180		ji	懷	281						huang	皇	14
jian	囸	182		ji	汲	287						huang	琥	15
jian	賤	184		ji	紹	331		ji	祭	10		huang	璜	15
jian	慇	230		ji	紀	331		ji	朼	12		huang	呺	34
		280		ji	練	335		ji	襖	12		huang	敦	96
jian	監	230		ji	互	342		ji	苜	22		huang	忘	276
jian	覓	237		ji	叵	342		ji	吉	31		huang	亢	290
jian	見	237		ji	基	344		ji	旨	33		huang	黃	351
jian	虘	250		ji	埩	348		ji	否	34		hui	每	18
jian	碊	250		ji	季	371		ji	追	36		hui	晵	33
		251		jia	麢	149				49				63
jian	開	305		jia	廬	149		ji	氶	39		hui	畮	33
jian	閒	305		jia	轐	149				80		hui	惠	116
jian	姦	311				267		ji	敀	75				282
jian	戔	319		jia	賈	184				95		hui	會	157
jian	戋	319		jia	�su	209		ji	卂	75		hui	晦	190
jian	孅	349		jia	家	209		ji	及	80		hui	鄻	199
jian	堇	349		jia	夾	265		ji	集	111		hui	毀	345
jiang	隆	39		jia	加	352		ji	幾	115		hun	昏	190
		357		jia	甲	367				192		huo	褕	11
jiang	牂	110		jian	薈	23		ji	幾	115		huo	禍	11
jiang	痟	214		jian	苔	23		ji	腺	123		huo	隻	108
jiang	江	283		jian	亞	37		ji	筓	131		huo	贖	183
jiang	墜	349				135		ji	旨	146		huo	貨	183
		357		jian	畫	39		ji	即	154		huo	化	227
jiang	疆	351				54		ji	既	155		huo	佁	228
jiang	降	357		jian	建	54		ji	昪	191		huo	火	260
jiang	牆	379		jian	肩	122		ji	束	204		huo	爇	261
jiao	蒿	21		jian	籵	130		ji	棘	204		huo	惑	276
jiao	敫	95		jian	晉	139		ji	稅	205		huo	或	317
jiao	角	128		jian	盥	152		ji	疾	216				

kong	𢗊	279
kong	窓	279
kong	孔	298
kou	口	28
kou	寇	92
		320
ku	故	238
ku	庫	249
ku	𡲬	267
ku	沽	284
kuang	皇	14
kuang	銈	158
kuang	梩	166
kuang	橫	167
kuang	痓	217
kuang	匩	327
kuang	𡈼	346
kui	歸	37
kui	遺	46
kui	跬	57
kui	夔	102
kui	𩏂	193
		370
kui	痏	218
kui	奎	264
kui	㚓	265
kun	困	182

L

lai	逨	39
		161
jue	氒	316
jue	𥃞	332
jun	君	29
jun	𣀨	94
		120
jun	貧	260
jun	濬	288
jun	瀓	291
jun	均	344
jun	𥄬	350

K

kai	剴	124
kai	愷	274
kan	冘	159
kan	龕	296
kan	戓	318
kang	迒	47
kang	康	205
kao	丂	144
kao	佮	227
kao	考	233
kao	潈	289
ke	敋	94
ke	可	144
ke	盍	152
ke	𡈈	182
ke	克	204
ke	客	212
ke	忞	274
ke	渇	286
jin	今	157
jin	晉	190
jin	欽	238
jin	濜	286
jin	金	353
jing	競	66
jing	弇	120
jing	𠬤	154
jing	靜	154
jing	頸	240
jing	敬	248
jing	涇	283
jing	經	331
jing	經	335
jiong	桱	168
jiu	舊	110
jiu	韭	208
jiu	九	366
jiu	酉	379
ju	苴	21
ju	具	69
ju	筥	86
ju	瞿	111
ju	巨	134
ju	虡	149
ju	寠	215
ju	思	275
ju	舉	308
ju	匴	327
ju	凥	353
juan	罥	152
jue	斅	96
jiao	朐	184
jiao	校	206
jiao	交	266
jiao	喬	266
jiao	𡥜	371
jie	兵	68
jie	戒	68
jie	欯	97
		318
jie	𦣻	103
jie	㿽	103
		150
jie	皆	103
jie	解	128
jie	差	134
jie	疌	135
jie	曷	139
jie	桼	180
jie	𣄚	207
jie	偞	226
jie	𠞩	246
jie	叀	266
jie	𡩖	280
jie	渫	287
jie	𢦒	308
		321
jie	截	318
jie	戠	320
jie	結	332
jin	進	44
jin	謹	63
jin	𦘒	86

清華大學藏戰國竹簡（拾─拾貳）文字編

mei	歔	96	luan	鱻	118			168	lan	澨	288
		224	lun	侖	157	lie	列	125	lan	罃	318
mei	數	96	luo	珞	16	lie	刺	181	lang	良	161
		224	luo	蒼	19	lie	轘	356	lang	狼	259
		312	luo	蔽	20	lin	各	32	lao	袋	232
mei	穮	204	luo	羅	219	lin	妟	35	lao	老	233
mei	媺	312	luo	駱	257	lin	臨	231	lei	各	32
men	門	304	luo	洛	283	lin	籬	353	lei	嬴	129
meng	景	12				ling	霝	294	lei	靁	293
meng	明	200				ling	陵	356			349
meng	盟	201		**M**		liu	恝	282	lei	雷	293
meng	盟	202				liu	流	289	li	鬲	72
meng	孟	371	ma	枺	208	liu	留	350	li	利	124
mi	迷	46	ma	麻	208	liu	六	365	li	列	125
mi	靡	71	ma	馬	257	long	龍	296	li	豊	148
mi	覓	75	man	曼	79	long	留	350	li	邨	186
mi	麻	208	man	圉	182	lou	婁	311	li	晉	219
mi	麋	257	man	滿	288	lou	嘍	337	li	羅	219
mi	悉	281	mang	盲	101	lu	迶	48	li	厲	250
mi	民	313	mang	竺	130	lu	魯	103	li	礪	251
mian	曼	79	mao	珆	16	lu	豩	120	li	丽	258
mian	緬	331	mao	茅	19	lu	录	204	li	戾	258
mian	挽	371	mao	柔	69	lü	筆	85	li	立	269
miao	蠡	215	mao	楙	170	lü	聿	85	li	灑	286
		303	mao	鼎	197	lü	虐	150	li	灥	323
miao	宙	250			373			380	li	力	351
mie	威	261	mao	毛	233	lü	穎	240	li	萬	366
min	民	313	mao	兒	236	lü	慮	271	lian	僉	156
min	曼	314	mao	懋	275	lü	慮	281	liang	良	161
ming	景	12	mao	悉	279	lü	闌	306	liang	兩	219
ming	名	29	mao	矛	355	luan	闔	117	liang	量	230
ming	命	29	mao	卯	373	luan	鱻	118	lie	柬	71
			mei	每	18						

ming 鳴 112
ming 冥 194
220
ming 昗 194
ming 明 200
ming 盟 201
mo 莫 23
mo 末 165
mo 磨 208
251
mo 沒 286
mou 毎 33
mou 悬 63
282
mou 謀 63
mou 誨 63
mou 某 165
mu 目 100
mu 木 164
mu 穆 205
mu 渁 287
mu 母 309
mu 畱 350

N

nai 乃 140
nai 迺 144
nan 難 109
111
nan 南 178
nan 男 351
nei 內 157
neng 能 259
ni 逆 45
ni 迁 46
ni 嵬 236
ni 頧 241
ni 湄 285
ni 匿 327
nian 廿 62
nian 年 205
nian 念 274
niao 鳥 111
nie 禇 12
nie 蓢 19
nie 圼 346
ning 寍 210
216
niu 牛 27
nong 農 71
nu 妄 22
nu 蕠 22
276
nu 奴 310
nü 女 309
nue 虐 150
nue 虎 150

P

pang 旁 7
pao 橐 181
pei 配 379
peng 豐 148
peng 朋 223
pi 鞁 163
pi 被 232
pi 辟 247
pi 不 298
pi 閞 305
pi 颷 339
pin 貧 184
ping 苹 19
po 攴 92
pu 符 214

Q

qi 示 8
qi 追 36
49
qi 迟 36
49
qi 迡 37
49
qi 器 59
qi 攼 89
qi 啟 89
qi 羿 106
qi 弃 114
qi 亓 131
qi 其 131
qi 飤 156
qi 棒 180
qi 桼 180
qi 碁 191
qi 异 191
qi 旗 194
qi 齊 203
qi 㹠 206
261
qi 殷 231
qi 眉 233
qi 忎 274
qi 慼 278
qi 戚 321
qi 亙 342
qi 亟 342
qi 璺 348
qi 七 365
qi 厷 372
qi 巳 373
qian 茾 37
qian 罿 38
qian 侃 227
290
qian 蛩 338
qiang 弦 210
qiang 弜 329
qiao 攷 93
qie 虞 80
149
qie 虘 149
qie 轍 206
qin 蕡 23
qin 숲 157
366

清華大學藏戰國竹簡(拾—拾貳)文字編

清華大學藏戰國竹簡（拾—拾貳）文字編

she	埶	75	rui	湍	167	quan	藋	109	qin	帚	212
she	枱	76	ruo	若	20	quan	權	164	qin	釳	228
		169	ruo	若	20	quan	勝	235	qin	新	354
she	敍	93	ruo	弱	242	quan	㳛	288	qin	君	366
she	囡	181				quan	泉	291	qing	請	62
she	奯	307				qun	羣	111	qing	青	153
she	慹	329		**S**					qing	經	167
she	它	339							qing	硜	251
shen	神	9	san	三	13		**R**		qing	慶	274
shen	訢	65	san	後	51				qiong	窮	216
shen	脣	65	san	參	195	ran	然	260			216
shen	胤	122	san	晶	195	rang	壤	35	qiong	穿	216
shen	參	195	san	戲	320	rang	讓	64			216
shen	晶	195	san	戲	320	rang	纕	333	qiong	儇	223
shen	哼	215	sang	屶	19	re	戾	262	qiong	覞	238
shen	深	215			35	ren	刃	128	qiu	瘷	193
shen	身	231	sang	喪	35	ren	悬	222			205
shen	脊	273	sang	霓	36			282	qiu	眯	193
shen	寀	281			120	ren	人	222			205
shen	湛	286	sang	桑	171	ren	任	224	qiu	穆	205
shen	引	327	se	色	246	ri	日	187	qiu	丘	229
shen	斳	355	se	嗇	323	rong	蟲	160	qiu	求	232
shen	申	378	se	鳌	350	rong	頌	240	qu	蜀	16
sheng	牲	27	sha	殺	86	rong	戎	317	qu	遫	36
sheng	生	179	shan	善	65	rong	隑	358			49
sheng	甡	180	shan	山	249	rou	腬	123	qu	趣	36
sheng	聖	306	shan	戔	319	rou	柔	166	qu	迖	47
sheng	縄	334	shang	上	5	rou	悉	279	qu	取	82
sheng	繶	336	shang	尚	25	ru	內	157	qu	去	152
shi	祐	11	shang	商	59	ru	女	309	qu	美	168
shi	士	16	shao	少	24	ru	奴	310	qu	屈	234
shi	訇	33	shao	罶	71	rui	敓	92	quan	全	15
			she	社	11	rui	敬	93			

su	佰	202
		227
su	妥	203
		313
su	素	336
suan	算	130
suan	槄	168
sui	祟	11
sui	薉	20
sui	㒸	26
sui	唯	30
sui	戠	40
sui	歲	40
sui	述	44
sun	孫	329
suo	索	178
suo	佰	202
		227
suo	所	354

T

ta	達	45
tai	㞢	177
		270
tan	禫	12
tan	難	109
		111
tan	壇	345
tan	亶	347
tao	滔	152
tao	慆	276

shuang	霜	294
shui	水	283
shun	訓	63
shun	川	290
shuo	朔	199
shuo	兑	236
si	祀	10
si	祡	12
si	嗣	58
si	嗣	58
si	死	120
si	列	125
si	偙	226
si	后	242
si	司	244
si	希	255
si	緆	255
si	駟	257
si	思	270
		282
si	汜	285
si	絲	337
si	四	358
si	三	362
si	辞	369
si	巳	373
song	叢	68
song	甬	203
song	恖	262
		282
su	迭	44
su	遫	44

shi	氏	316
shi	戠	319
shi	坨	346
shi	坲	348
shou	單	35
shou	受	118
shou	頁	240
shou	百	241
shou	手	307
shou	獸	367
shu	舌	34
		226
shu	述	44
shu	逗	45
shu	譽	65
shu	豆	86
shu	豉	95
shu	壴	147
		169
shu	樹	147
		169
shu	桓	147
		169
shu	贖	184
shu	暑	190
shu	屠	191
shu	庶	249
shu	婁	311
shuai	衛	56
shuai	榱	166
shuai	衰	232
shuang	爽	99

shi	寺	39
		308
shi	是	42
shi	遾	50
		308
shi	十	61
shi	憓	62
shi	世	62
shi	史	84
shi	事	84
shi	寺	86
shi	攺	94
shi	殜	120
shi	死	120
shi	箬	130
shi	飤	155
shi	枼	167
shi	市	177
shi	旹	189
shi	時	189
shi	室	210
shi	保	222
shi	戻	233
shi	昊	237
shi	睍	237
shi	賠	237
shi	石	251
shi	豕	254
shi	瓶	258
shi	思	270
		282
shi	弋	315

清華大學藏戰國竹簡（拾—拾貳）文字編

pinyin	字	頁	pinyin	字	頁	pinyin	字	頁	pinyin	字	頁
wu	母	309	wei	佳	106	tui	退	50	tao	愁	280
wu	委	311	wei	胃	121			52	tao	慇	280
wu	毋	313	wei	韋	162	tun	豚	256	te	弋	315
wu	武	318	wei	回	181	tun	滾	289	ti	㫗	71
wu	亡	323	wei	寵	213	tuo	鼉	340			308
wu	隊	358	wei	屚	234				ti	儥	226
wu	五	362	wei	尾	234				ti	體	227
wu	午	377	wei	鬼	248		**W**		ti	易	256
			wei	畏	248				ti	狄	258
			wei	㟃	250	wai	外	202	ti	替	270
	X		wei	詹	258	wan	薑	38	tian	天	1
			wei	立	269			44	tian	畋	93
xi	昔	22	wei	應	274	wan	薑	348	tian	塡	344
xi	蒠	22	wei	惟	274	wan	萬	366	tian	田	350
xi	犀	27	wei	威	310	wang	王	14	tiao	癰	217
xi	犧	27	wei	魁	319	wang	芒	19	ting	廷	54
xi	遲	38	wei	戔	319	wang	進	50	ting	霆	294
		50	wei	幾	320			51	ting	耵	306
xi	星	38	wei	緯	331	wang	壹	147	ting	聖	306
xi	徙	53	wei	維	334	wang	桎	168	tong	迵	45
		225	wei	未	378	wang	坒	177	tong	桐	164
xi	諰	65	wen	文	242			346	tong	痫	217
xi	彗	82	wen	䢵	307	wang	罔	219	tong	同	218
xi	歔	96	wen	緐	307	wang	忘	276	tu	徒	44
xi	劇	128	wen	䜌	314	wang	亡	323	tu	園	181
xi	悥	146	wen	奔	380	wang	室	326	tu	圖	181
		282	wo	我	321	wang	望	326	tu	煮	279
xi	虐	149	wu	於	112	wei	味	28	tu	恩	279
xi	巇	151	wu	盧	150	wei	詸	29	tu	土	343
xi	餐	155	wu	虐	151			146	tu	金	346
xi	昔	191	wu	勿	252	wei	唯	30	tui	逡	50
xi	夕	202	wu	吳	265	wei	遺	46			52
xi	疾	216				wei	爲	72			

xi	宲	221
xi	屖	234
xi	息	271
xi	溪	289
xi	西	304
xi	臣	307
xi	巸	307
xi	義	321
xi	系	329
xia	下	7
xia	顕	161
		192
xia	頣	161
		192
xia	虽	161
		192
xia	禼	213
		367
xia	鍜	353
xia	轄	356
xian	苋	23
xian	咸	31
xian	㝯	84
		215
xian	箴	130
xian	㬎	191
xian	害	215
xian	先	236
xian	見	237
xian	歆	238
xian	憲	274
xian	鹹	304
xian	鹹	304
xian	絃	336
xian	戔	346
xian	塹	349
xiang	相	100
xiang	羊	110
xiang	卿	156
		247
xiang	亯	160
xiang	香	206
xiang	向	210
xiang	像	225
xiang	象	256
xiang	恙	278
xiang	羕	291
xiang	永	291
xiao	少	24
xiao	猇	259
xiao	泧	288
xiao	硣	302
xie	燮	79
xie	譬	103
xie	虐	103
		150
xie	皆	103
xie	臘	122
xie	亞	135
xie	劦	352
xie	箹	352
xin	訢	64
xin	䜣	206
xin	恖	222
		282
xin	炘	262
xin	心	271
xin	忻	274
xin	新	354
xin	辛	369
xing	舋	39
		70
xing	行	55
xing	興	70
xing	眚	101
xing	刑	126
xing	井	154
xing	星	192
		195
xing	浧	289
xing	坓	345
xing	型	345
xiong	肛	123
xiong	凶	207
xiong	兇	207
xiong	熊	260
xiu	攸	92
xiu	休	167
xu	余	26
xu	吁	32
xu	遀	47
xu	疋	58
xu	許	63
xu	舒	117
xu	卹	152
xu	虛	229
xu	項	240
xu	須	241
xu	邭	246
xu	序	249
xu	需	294
xu	緒	331
xu	繻	333
xu	圩	346
xu	戌	380
xuan	玄	116
xuan	宣	210
xue	遳	48
xue	血	152
xun	𢽤	95
xun	昀	100
xun	旬	247
xun	均	344
	Y	
ya	䀠	57
		207
ya	𤁅	57
		207
yan	菸	20
yan	𧭹	35
		67
yan	嚴	35
yan	言	62
yan	弇	68
yan	妟	311
yang	昜	76

		253
yang	羊	110
yang	央	159
yang	奕	171
yang	瘍	217
yang	印	246
yang	昜	253
yang	恙	278
yang	陽	357
yao	訞	65
yao	要	71
yao	豯	255
yao	夭	266
yao	居	304
yao	媱	312
yao	繇	330
ye	譬	67
ye	枼	167
ye	夜	202
ye	也	316
ye	埜	349
		350
yi	一	1
yi	萟	28
yi	㠯	31
yi	台	31
yi	遺	46
yi	遺	49
		335
yi	遳	50
		308
yi	儀	53
		335
yi	啻	63
yi	異	70
yi	肞	96
yi	翼	106
		259
yi	臭	158
yi	邑	185
yi	曎	191
yi	朗	199
yi	䊦	206
yi	宜	211
yi	依	224
yi	偯	224
yi	衣	232
yi	頟	240
yi	𠨘	246
yi	易	256
yi	㕳	258
yi	彝	258
yi	麋	258
yi	亦	265
yi	𠨘	266
yi	歖	267
yi	悒	272
yi	㥯	279
yi	悆	281
yi	洫	285
yi	溢	287
yi	弋	317
yi	義	321
yi	儀	335
		349
yi	絏	336
yi	坄	348
yi	埸	348
yi	䡐	356
yi	乙	368
yi	臂	369
yi	巳	373
yi	以	374
yin	音	66
yin	尹	80
yin	衩	94
yin	𩊫	153
yin	冘	159
yin	因	181
yin	痼	218
yin	殷	231
yin	衣	232
yin	歆	238
yin	酓	239
		379
yin	𥦯	260
yin	𢗅	281
yin	淫	283
yin	淫	283
yin	沁	284
yin	淫	285
yin	𡈸	295
yin	侌	295
yin	經	335
yin	寅	372
ying	英	19
ying	罌	100
ying	雁	108
ying	溋	151
ying	印	246
ying	龍	260
		265
ying	浧	289
ying	鎣	303
ying	縈	334
ying	綎	336
yong	通	45
yong	用	98
yong	雝	109
yong	饔	155
yong	甬	203
yong	豚	255
yong	𨡨	255
yong	涌	284
yong	羕	291
yong	永	291
you	遊	47
you	訧	64
you	采	75
you	又	76
you	右	78
you	䀁	83
you	攸	92
you	胄	101
you	幽	115
you	卣	168
		379
you	酋	168

ze	澤	285	yue	曰	135	yu	俞	234			379
zei	則	124	yue	樂	167	yu	禺	249	you	有	199
zei	賊	317	yue	月	197	yu	獄	259	you	卣	203
zeng	曾	24	yue	雩	294	yu	吳	265	you	由	219
zeng	增	345	yue	戉	321	yu	悆	280	you	猷	259
zhai	齋	10	yun	允	236	yu	𢡺	280	you	𢘇	278
zhai	𡆥	181	yun	貟	260	yu	淤	287	you	或	317
		182	yun	云	295	yu	浴	287	you	蚤	338
zhai	齊	203	yun	眃	350	yu	谷	291	you	蚘	338
zhai	厇	209	yun	軍	356	yu	雨	292	yu	祤	11
zhai	宅	210				yu	魚	296	yu	玉	15
zhai	圫	347		Z		yu	娛	311	yu	菸	20
zhai	垞	347				yu	堣	347	yu	余	26
zhan	占	97	zai	哉	30	yu	𡏘	348	yu	卸	38
zhan	貞	97	zai	再	114	yu	堬	349			53
zhan	甚	135	zai	𧘝	156	yu	与	353	yu	逌	47
zhan	贍	238	zai	才	170	yu	禹	367	yu	遺	48
zhan	廛	249	zai	材	199	yuan	元	1	yu	御	53
zhang	璋	15	zai	宰	211	yuan	𢕢	46	yu	與	70
zhang	丨	17	zai	𢦏	346			54	yu	㚥	83
zhang	章	66	zai	載	356	yuan	遠	46	yu	聿	85
zhang	鶮	112	zang	痮	218	yuan	䛇	65	yu	胄	101
zhang	長	251	zang	䐶	241	yuan	爰	117	yu	盲	101
zhang	彊	327	zao	㪈	95	yuan	員	182	yu	羽	105
zhang	張	327	zao	𨦫	170	yuan	忨	276	yu	於	112
zhang	繮	335	zao	悎	281	yuan	𡵂	285	yu	𠝣	127
zhang	漳	347	zao	澡	289	yuan	囦	285	yu	于	145
zhao	逃	46	ze	則	124	yuan	黿	340	yu	𨕥	147
zhao	叉	79	ze	𡶁	153	yue	𧺆	37			270
zhao	𠔀	98	ze	夨	265	yue	閱	58	yu	䍞	219
zhao	兆	98	ze	睪	267	yue	敓	92	yu	𧵊	224
zhao	卲	245	ze	𢚧	277	yue	敚	93	yu	裕	232

zhao	叒	261
zhao	肈	317
zhe	折	20
zhe	砓	95
zhe	者	103
zhe	鼽	151
zhe	窾	213
zhe	蟄	337
zhen	診	64
zhen	鬙	71
zhen	貞	97
zhen	箴	130
zhen	朕	234
zhen	軫	355
zheng	呼	32
		119
zheng	正	41
zheng	延	44
zheng	逬	48
zheng	遆	48
zheng	政	92
zheng	升	355
zheng	陞	358
zhi	嵩	9
zhi	折	20
zhi	歪	37
		177
zhi	止	37
zhi	只	59
zhi	寺	86
zhi	敎	97
		267
zhi	䀢	104
zhi	智	104
zhi	壴	116
zhi	旨	146
zhi	枳	164
zhi	榼	166
zhi	植	166
zhi	之	171
zhi	脣	196
		373
zhi	窾	213
zhi	佸	227
zhi	咫	234
zhi	執	267
zhi	志	271
zhi	悳	272
zhi	慹	279
zhi	至	303
zhi	指	307
zhi	絧	332
zhi	鼁	340
zhi	陟	357
zhong	中	17
zhong	童	67
zhong	穜	204
zhong	瘇	217
zhong	眾	230
zhong	冢	247
zhong	夂	333
zhong	終	333
zhou	周	31
zhou	晝	86
zhou	雓	109
zhou	鵰	112
zhou	舟	234
zhou	州	291
zhou	弻	328
zhu	祝	11
zhu	珠	16
zhu	者	103
zhu	膻	123
		351
zhu	壴	147
		169
zhu	橲	147
		169
zhu	梪	147
		169
zhu	主	153
zhu	朱	165
zhu	宔	213
zhu	重	230
zhu	𣆪	262
zhu	潴	289
zhu	鼁	340
zhuan	連	48
zhuan	叀	115
zhuan	剸	127
zhuan	剚	127
		128
zhuan	耑	208
zhuang	壯	16
zhuang	牏	128
zhuang	圖	182
zhuang	壥	345
zhui	跛	83
zhui	瀣	288
zhui	錐	353
zhun	隼	109
zhun	準	286
zhuo	焯	260
zhuo	濯	287
zhuo	蜀	337
zi	趑	37
zi	此	40
zi	跙	57
zi	自	102
zi	兹	116
zi	旨	146
zi	資	183
zi	㸦	357
zi	子	370
zong	䒙	68
zong	叢	68
zong	宗	213
zong	䆡	276
zong	綎	331
zou	徔	36
		54
zou	走	36
zou	取	82
zu	祖	10
zu	欧	57
zu	足	57
zu	樝	164
zu	族	194

筆畫檢索表

一畫

一 1
丨 17
乙 368

二畫

八 24
十 61
又 76
卜 97
乃 140
丂 144
人 222
二 341
力 351
七 365
九 366
丁 368

三畫

上 5
下 7
三 13
士 16
口 28
干 59
及 80
𠬝 83
刃 128
工 134
于 145
才 170
之 171
夕 202
卪 246
山 249
大 263
矢 265
川 290
女 309
弋 315
也 316
亡 323
夂 333
凡 342
土 343
与 353
子 370
巳 373

四畫

天 1
元 1
王 14
中 17
屯 18
分 24
少 24
公 26
牛 27
止 37
乏 42
廿 62
丮 75
叉 79
父 79
厷 79
尹 80
反 82
亓 131
巨 134
曰 135
丹 153
井 154
今 157
內 157
宂 159
刅 163
木 164
市 177
宋 178
丰 179
日 187
月 197
凶 207
弔 225
化 227
比 228
毛 233
尺 234
方 235
允 236
文 242
印 246
勿 252
火 260
犬 264
夭 266
亢 267
夫 268
心 271
水 283
云 295
不 298
孔 298
手 307
玄 311
毋 313
氏 316
戈 317
引 327
劝 352
升 355
三 362
五 362
六 365
厶 372
丑 372
以 374
午 377

五畫

示 8
玉 15
尔 24
必 26
分 27
台 31
正 41
辷 48
冊 58
疋 58
只 59
古 60
句 60
世 62
弁 68
右 78
史 84
皮 89
占 97
用 98
目 100
玄 116
右 133
甘 135
可 144
去 152
主 153
央 159
末 165

以下为筆畫檢索表，各欄由右至左閱讀：

字	頁		字	頁		字	頁		字	頁		字	頁		字	頁
北	171		且	354		廷	54		㣇	203		汲	287		訇	33
	228		矛	355		行	55		多	203		㐬	290		吭	34
出	178		四	358		延	55		束	204		冰	291		唔	34
生	179		甲	367		弃	69		年	205		州	291			226
囹	181		卯	373			92		兌	207		至	303		吾	34
旦	193		申	378		共	69		向	210		西	304		走	36
外	202		未	378		支	83		安	211		耳	306		赱	37
禾	204					攴	83		同	218		好	310			177
厇	209		**六畫**			聿	85		任	224		㞒	316		亙	37
由	219					臣	86		伐	225		戎	317			135
白	220		机	12		寺	86		怀	226		虫	337		盉	39
付	224		全	15		攷	93		伴	227		亙	342			80
北	229		㞢	19		兆	98		艮	228		至	347		步	40
丘	229			35		自	102		衣	232		陙	357		远	47
司	244		芒	19		百	104		考	233		成	368		足	57
石	251		芋	19		羽	105		老	233		亥	380		冊	58
立	269			180		羊	110		舟	234		戌	380		言	62
忈	281		妟	22		再	114		先	236					弄	68
永	291		名	29		死	120		后	242		**七畫**			兵	68
母	309		吉	31		列	125		归	246		祀	10		戒	68
奴	310		各	32		刑	126		色	246		社	11		复	83
民	313		呼	32		亜	135		旬	247		礼	12			326
弗	314		吕	33		旨	146		而	253		壯	16		攺	92
氏	317		吇	34		血	152		耏	258		每	18		攸	92
戊	321			342		芇	163		光	261		折	20		攻	93
乍	324		早	34			269		囚	262		余	26		弃	114
它	339		记	36		朱	165		奎	265		告	28		肝	121
式	341			49		休	167		亦	265		君	29		肛	123
田	350		迟	37		回	181		交	266		杏	32		初	124
功	351			49		因	181		江	283		咠	33		利	124
加	352		此	40		邦	185		幽	285			63		角	128
尻	353		迁	46		有	199		汜	285					良	161

十一畫

資	183	與	70	隆	357	煑	279		367	智	104
賈	184	農	71	萬	366	窓	279	宭	215	集	111
躲	193	馭	76	辟	369	湄	285	痤	217	幾	115
	205		253			渴	286	痏	218	惠	116
晉	193	虞	80	**十三畫**		湯	286	罯	219		282
	370		149			湛	286	備	223	裔	117
冪	194	豊	86	福	9	溙	288	虗	229	舒	117
	220	敦	96	褶	11	閒	305	量	230	腍	121
盟	202	教	97	視	13	闁	306	軴	231		259
耘	206		372		248	闓	306	裕	232	臀	123
叄	215	睘	100	葫	19	罦	308	黿	236		226
	303	雁	108	蔽	20	婬	312	硯	237	劓	124
舠	216	雋	109	蒿	21	曼	314	欽	238	奠	133
麗	219	羣	111	蒀	22	戔	319	須	241	晉	139
像	225	殊	120	罼	32	哉	319	雅	242	虞	151
瞀	226	膹	123	趏	37	戙	320	敬	248	娃	158
覓	237	睄	123	亼	38	烾	323	脒	255	植	166
貼	237	剑	127		47	發	328	隗	258	狉	180
煩	240	解	128	歲	40	弻	329	詹	258	購	184
頌	240	惪	146	復	46	絈	331	貪	260	貴	184
項	240		282		54	結	332	窒	260	暑	190
劅	246	豊	148	遠	46	練	335	焯	260	碁	191
辟	247	虘	149	遣	48	絲	337	焚	260	替	192
磋	250	虞	149	禃	53	堅	344	然	260	朝	194
	251	溢	152	衙	56	墨	347	爇	261	晶	195
砭	251	饗	155	跙	57	垔	348	喬	266	盟	201
殁	255	僉	156	踖	57	埚	348	异	268	棘	204
獻	259	會	157	嗣	58	瑜	349	替	270	稅	205
寵	260	椯	167	鉤	60	黃	351	惪	272	粏	206
	265	楉	168		353	翲	352	惑	276	粱	206
罜	267	楸	170	話	64	軡	355	悲	277	寒	212
堂	270	圖	182	斳	65	鉈	356	惴	278	萬	213

十五畫

十四畫

釋文目録

四告

【釋文】

一

拜=(拜手)䭬=(稽首)，者魯天尹咎(皋)繇(繇)配亯(享)兹馦(馨)香，𢘙(逸)𣪘血明(盟)，又(有)之二元羍=(父羊)、𧰨=(父豕)，荐(薦)麃(表)非盜(討)余又(有)周。䢅(旦)隹(惟)之，【一】又(有)殷競戜(蠢)不若，𠈀(竭)𢘙(失)天命，𦖞(昏)𡟅(擾)天下，丽(離)戔(殘)商民，暴虐(虐)百眚(姓)，氐(抵)忘(荒)亓(其)先王天乙之猷力，【二】寘(顛)𨘢(覆)氒(厥)典，咸替百成；　王所立大正、少(小)子)秉典，聖(聽)任，𥢶(處)士，廼豐(朋)涇〈淫〉𢘙(失)凥(居)，弗明氒(厥)服，煩辝(辭)不延(正)，【三】𦃎(肆)隹(唯)喬(驕)惷(縱)忘(荒)紿(怠)，好眔(懷)同心同悳(德)，暴虐(虐)從(縱)獄，盍=(藹藹)呼(爭)訂(怨)，登𦖞(聞)于天。帝=(上帝)弗若，廼命朕文考周【四】王翟(一)戎又(有)殷，達又(有)四方。才(在)珷=(武王)弗敢忘天戥(威)命明罰，至戎于殷，咸𢦏(戡)氒(厥)啻(敵)。於(嗚)虎(呼)忞(哀)才(哉)，不弔(淑)【五】昊=(昊天)，不卒屯(純)允，陟兹武王。乳=(孺子)肇嗣，商邑興反，四方禍(禍)𤔔(亂)未奠(定)，多侯邦白(伯)衛(率)迲(去)不朝，廼隹(唯)余䢅(旦)【六】明孛(弼)保兹開(辟)王乳=(孺子)，用肇弦(强)三壴(臺)，以盜(討)延(征)不服，方行天下，𦤶(至于)灊(海)麃(表)出日，亡(無)不衛(率)卑(比)，即服于天，【七】𢻱(效)命于周。我亦羕(永)念天戥(威)，王家亡(無)堂(常)，周邦之亡(無)剛(綱)紀，畏𦖞(聞)芒(喪)文武所乍(作)周邦型(刑)灋(法)典聿(律)，用【八】倉(創)興立誨(謀)憔(唯)猷，㴝(淵)胙(祚)繇𦤎(繹)，𢻱(效)士弟(鰥)男，貟(允)氒(厥)元良，以縛(傅)補(輔)王身，咸乍(作)右(左)右叉(爪)𪘀(牙)，甬(用)經緯大【九】邦周。

翼(翌)日，亓(其)會邦君、者(諸)侯、大正、少(小子)、帀(師)氏、袼(御)事，箴告乳=(孺子)甬(誦)，弗敢惷覓，先告受命天丁開(辟)子司【一〇】新(慎)咎(皋)繇(繇)，忨(忻)素成悳(德)，秉又(有)三畯(俊)，惠女(汝)乇(度)天心，兹悳(德)天悳(德)，用音名四方，氐尹九州，頣(夏)甬(用)配天。者魯【一一】天尹咎(皋)繇(繇)，母(毋)刃(忍)𡨦(數)哉，畯(駿)保王身，宔(廣)啟氒(厥)心，𥄲(示)之明猷，㴊（淵）心遊＝（優優），母（毋）韋（違）朕言，罘余和劦（協），惟（唯）乍（作）立正（政）【一二】立事，百尹庶帀（師），卑（俾）膧（助）相我邦或（國），和我庶獄庶昚，弃用中型，以光周民，悉（懋）我王或（國），萬磔（世）勿姦，文子【一三】文孫，保兹下土。弋（式）配亯（享）兹，宜尔（爾）耆（祜）福。【一四】

二

曾孫㕟（禽）父拜＝（拜手）韻＝（稽首），敢用一丁脅（脯）白豚，先用嘷（芳）鬯，鼻（遍）卲（昭）𢻫（禱）功，俞告不（丕）㬎（顯）帝分（賓）工、明典、司義，者魯大【一六】神，惠皇帝＝（上帝）命周文王虡（據）受殷命，剌（烈）且（祖）武王大龕（戡）氒（厥）啻（敵），今皇辟天子圕（圖）氒（厥）萬啻（億）之亡（無）遂（後）【一七】嗣孫，乃聿（建）侯執（設）戣（衛）、掏（甸），出分子。今曾孫㕟（禽）父牆（將）以氒（厥）珪（圭）幣、㚘（乘）車、丁馬，丁年、吉月、霝（靈）晨（辰），我其㞷＝（往之），【一八】分（賓）服臣各于朕皇后辟，典天子大神之霝（靈）。弋（式）卑（俾）曾孫有濬（濬）壓＝（壯壯），不（丕）萏（謀）威義（儀），憲能豊（禮）䇡（節），心善咠（揖）㲼（讓），若臣（熙）孱＝（察察），母（毋）【一九】㝁（變）于義，母（毋）𡍮（失）于卹（恤）。者魯大神，之机（機）若工，隹（唯）尔（爾）俞秉天商（章），弋（式）文受我氒（厥）堵（緒），弋（式）尚光明余学＝（小子），卑（俾）㸒＝（斐斐）【二〇】㦚＝（善善），母（毋）迷于猷，母（毋）𢘊（愆）于𢡺（圖），雚（勸）余康𡋭（娱），宜氒（厥）卣（攸）同，晨（祇）于服御，竃＝（亹亹）𠓗（答）話，𡨦＝（節節）義（宜）時（持），進退走咠（揖），𢝳＝（㚚㚚），和【二一】吮（允）霝（靈）氏（度），晨（祇）于卣（攸）義（儀），臣（熙）安異＝（翼翼），頌（容）㒷（允）孔𣀏（嘉）。昊＝（昊天）又（有）好，惠痡（厚）被＝（被被），弋（式）卑（俾）皇辟又（有）綽（綽），天子賜我鑊（林）寶、金【二二】玉庶器，竈（竃）贛（貢）饔飧（饋），砞（福）𦾔（益）增多，勿結勿旗（期），㲼（攘）去悉（懋）疾，畢易（逖）庶訧（尤）。曾子学（小子）拜＝（拜手）韻＝（稽首）亓（其）休，反宔（賓）皆【二三】康吉歸（饋），亓（其）尚龔（恭）尔（爾）義（儀），勿又（有）庶戾，宜尔（爾）祜福。【二四】

三

曾孫圝（滿）拜＝（拜手）韻＝（稽首），敢截告：於（嗚）虎（呼）哀哉，我周玟＝（文王）珷＝（武王）克敬于天，明德魃（威）義（儀），不潌

（墜）于非遻（彝），隹（唯）邦遺老【二六】利（黎）民，是龏（恭）氒（厥）明井（型），智（知）氒（厥）若不（否），用克龏（恭）皇天，達衩（殷）受大命。豪=亡（無）得贍（瞻）賜（顧），惄（慆）于非彝（彝），心好埜（野），用【二七】告三神，勿岋（徹）哉！ 燮鄣（懿）朕心，母（毋）懋（慆）于非彝（彝）、埜=德=（埜德，埜德）多不歸氒（厥）吉。 豩（封）豕不才（在）服，遠圭（往）遊彗（習），不則【二八】𢦏（捷）之彗（習），不石（度）茲事，淫于非彝（彝）、侃（愆）德，好獸（守）欧（足）不則，剥達（撻）氒（厥）家。 於（嗚）虎（呼）哀哉，寵鄣（懿）朕心，母（毋）惄（慆）于【二九】非尚（常），事害（曷）隹（唯）又（有）不勑（勑），䰠（鬼）神是求=（求，求）台（以）岋（徹）氒（厥）心？ 不秉歆（懿）德，茲好埜（野），余弗敢智（知）。 害（曷）隹（唯）又（有）庶人是不【三〇】用氒（厥）典圖？ 吳（虞）悲氒（厥）心，以歸于埜（野），余亦弗敢智（知）。 今多不旻（得）遹（德）之間，不智（知）言之初夂（終），隹（唯）埜（野）。 爰茲【三一】用曹（曹）告，母（毋）興惂朕心于尚（常）任，余安才（在）辟司以宔（崇）鄣（懿）德，用臂（乂）庶囏（艱），以圝（恪）夃（夙）夜股（股）厷（肱）王身，以氒（厥）辟【三二】心，以井（型）先任之辟事先王。 倠（傳）不疋（胥）王身，以光保之德，若農夫之秉畚（畝）不夂（終），其好奡（傲）不則，遳（失）【三三】□□□□□□□□□□朕身奠鰥，余少（小）子未得德之行，余鬼（畏）乍（作）玟（文王）崑（羞），用克自甚=（諶，諶）鄣（懿）朕【三四】心之才（在）茲服，魃（畏）天非沝（忱），弗正〈乏〉玟（文王）若彝（彝）德，用曷（匄）安靜心……【三五】人于四方，民䫭（揚）尔（爾）文，自袁（遠）㲻（邇），不旻（得）邦，隹（唯）德用畀余，厲（利）安害（曷）龔，大莫（謨）不（丕）誨（謀）魃（威）義（儀），寶（保）光朕身之【三六】氒（厥）堵（緒），用敢懋，狄（逖）之不恙（祥），埜（野）心楙（懋）則不隻（獲）才（茲）彝（彝），拜=（拜手）䭬=（稽首），尚安寍（寧）才（在）服嗣（嗣），宜尔（爾）祜福。【三七】

四

曾孫卲（召）虎拜=（拜手）䭬=（稽首），帝命北方死（尸）配卿（享）茲䭫（馨）香，褶（醓）血明（盟），又（有）寺（之）二丁豢=（父豕），先吉玉宣辟（璧），非敢【三八】……【三九】晝（載）覓，茲隹（唯）窓筐（懼）亡（無）爽晨（振）贏（贏）。 於（嗚）虎（呼），乃蟲（沖）孫虎哀告歓（截）詢（叩），曰古禹降，塼（敷）土𡐦（墮）山，㓝（劃）川盥（濬）泉，【四〇】……【四一】虢，是隹（唯）氒（厥）卣（攸）。 今𡈼（望）鳴，延（誕）不才（在）氒（厥）卣（攸），日來（來）服，集之（止）于先公寝（寢）宙（廟），集止于桑棘壞（槐）桐百查（樹），夕虐（呼）【四二】鳴以臨。 余孛=（小子）不尚（當）于乃孫（系）嗣（嗣），先公乍（作）宗大室之廷，不川（順）不巳，孛=（小子）弗䎽（聞），隹（唯）帝=（上帝）命亓（其）卬（孚）于戾，【四三】孛=（小子）亦弗䎽（聞），隹（唯）帝=（上帝）命亓（其）卬（孚）于若。 孛=（小子）戢（畏）卹（恤）大敬，不旻（得）氒（厥）居

（繇），差=（嗟嗟）我家，非汲（淆）非述（遂），余肇（肇）𠬝（嗣）先公，弗【四四】及又（有）吉，禺（遇）天喪𤔔（亂）于我家，𤉰=（煢煢）余未又（有）智（知），亡（無）又（有）遺耇成人箴告余，先公悳（德）余，隹（唯）虎頮=（毅毅）。引（矧）曰：【四五】其用智（知）才（在）立（位），孛=（小子）悤（竦）瞿（懼）敬悳（德）曰，我母（毋）嬖（墜）先公之福，今宔（望）鳴或（又）逨（來）族集于先公之宗宙（廟），鼉（祇）【四六】光朕心，敢用二丁先吉玉，卲（昭）告北方死（尸），者魯大宗，弋（式）陟降卡（上下），古𡔷（業）乃家，母（毋）念臭（斁）哉，公爲不【四七】吳（虞）雩（越）不吉，訞（妖）羕（祥）尚卑，宔（望）氏（鳴）亞（漸）亟此隻（獲），卑（俾）隻（獲）卑（俾）執，卑（俾）死（尸）卑（俾）𡠫（執），曾孫亓（其）㪯（擒）之或（馘）之，寵之【四八】克之，弋（式）卑（俾）曾孫永𠬝（嗣）先公，配=（熙熙）萬年，䍐亘（光）我家，畢狄（逖）不恙（祥），遠于不辝（辭），弋（式）卑（俾）曾孫龔（恭）爾明（盟）祀，宜爾【四九】祜福。【五〇】

一【一背】　二【二背】　三【三背】　四【四背】　五【五背】　六【六背】　七【七背】　八【八背】　九【九背】　十【一〇背】

十一【一一背】　十二【一二背】　十三【一三背】　十四【一四背】　[十五]【一五背】　十六【一六背】　十七【一七背】　十八【一八背】

十九【一九背】　二十【二〇背】　二十一【二一背】　二十二【二二背】　二十三【二三背】　二十四【二四背】　[二十五]【二五背】

二十六【二六背】　二十七【二七背】　二十八【二八背】　二十九【二九背】　三十【三〇背】　三十一【三一背】　三十二【三二背】

三十三【三三背】　三十四【三四背】　三十[五]【三五背】　三十六【三六背】　三十七【三七背】　三十八【三八背】

[三十九]【三九背】　四十【四〇背】　[四十一]【四一背】　四十二【四二背】　四十三【四三背】　四十三【四四背】　四十五【四五背】

四十六【四六背】　四十七【四七背】　四十八【四八背】　四十九【四九背】　五十【五〇背】

四　時

【釋　文】

凡行，晵（揆）日月之立（位），以定四維之亙〈亟（極）〉需，徆（縮）弱，浅（濫）緂（盈），𣅀（節）敗，張㐌（施），章明，湏（滿）溢，轖（伏）寑（藏），渴，颷（箙）陽（揚），麻（靡）蠡（畢），霝〈丽（麗）〉會（合），梟（發）通（涌），【一】憩（逾）下。

孟旾（春）受舒（序），青既（氣）乃妓（御）。内（入）月四日，東風，青云（雲），亜（解）凍，寒門乃乾（旆），奴（如）不至，玄維乃需。七日一寺（時），四轄（轄）皆［遝］，□□□，【二】佮=（八日），延（征）風攺（啟）南。十︵四︶日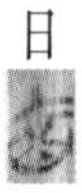以，必又（有）取。十四日東敘（舍）乃登（發），天茖（笰）乃章，延（征）鳥北行。十七日二寺（時），夋（俊）風乍（作），四維□□，□□【三】之云（雲）賓。廿=（二十）日四門皆登（發），東風乍（作）。廿=（二十）四日四門皆遝，洹雨乍（作），以生眾木。廿=（二十）七日三寺（時），四鉤皆亜（解），玄維乃緂（盈），以𤆍矦亓（其）管（篤）。【四】四日，鳴雷之迒（亢）。

中（仲）旾（春）受舒（序），䖍（融）云（雲）賓，内（入）月四日，閘（關）皆乾（旆），青云（雲）攺（啟）登（發），以生百木，亓（其）不至，白鉤乃需。七日四寺（時），四弼（弼）皆亙〈亟（極）〉，【五】四畮（海）以賓。古=（十日）四目皆紳（陳），風云（雲）賓。十四日=（日，日）月分，四敗皆敗，四目皆章，風云（雲）賓。七=（十七）日五時，攺（啟）雷。廿=（二十）日，四閘（關）皆正，殷風乍（作）。【六】廿=（二十）四日、四凼（淵）皆遝，洹雨乍（作）。廿=（二十）旨=（七日）六寺（時），四茖（笰）皆緂（盈），雷風衣（殷）旾（春），石南遷（遷）。

季旾（春）朔，十又二散（歲）乃會（合），青云（雲）賓。内（入）月四日，四【七】轄（轄）乃乾（旆），青云（雲）乍（作），以雨，以畜（奮）英芋（華），亓（其）不至，天豕乃需。旨=（七日）七寺（時），四目皆溢，水遷（遷），星相伓（倍）。十日四茖（笰）乃畜（奮），風云（雲）賓。十四【八】日四維皆敗，以蜚飛鳥。十旨=（七日）八寺（時），青龍晨弃（棄）亓（其）管（篤）。廿=（二十）日麔（畢）風乍（作）。廿=（二十）四日風云（雲）賓。廿=（二十）旨=（七日）九寺（時），尾雨至。

孟顕（夏）朔，乃結于冀（畢），【九】以疾（息）五盥。内（入）月四日，赤鉤乃浅（濫），風云（雲）朿（次），以攺（啟）孟，以結寑（藏），猇星女(如)不至，白維乃繻(需)。內(入)月旨〓(七日)，焯炘之鐈(轄)之紳(陳)，十寺(時)乍(作)女(焉)，南【一〇】風攸(啟)孟。吉〓(十日)江濾(津)乃涌，不雷，乃雨，以癹(發)豐留(隆)之門。十四日霝(靈)星癹(發)章，青龍趑(齊)燹(氣)。十旨〓(七日)十一寺(時)复(作)女(焉)，青肢旦泆(濫)，河濾(津)【一一】溢，以遑(復)淤亓(其)筥(篤)，以鬻(畢)青云(雲)，眾龍以至。廿〓(二十)日玄萘(帑)旦紳(陳)，玄水乃滐(竭)，南風乍(作)。廿〓(二十)四日玄維乃縈(盈)，天泉乃溢，洹雨【一二】乍(作)。廿〓(二十)旨〓(七日)十二寺(時)乍(作)女(焉)，天豕旦章，北云(雲)乍(作)，以雨，北方又(有)吝，南方又(有)旻(得)。

中(仲)顕(夏)，日月啚(合)于三丼(井)，鬻(畢)雨乃隆(降)。內(入)月四日，中帝【一三】以层(徙)，赤妥(帑)昏解，以癹(發)赤云(雲)，女(如)不至，赤鉤乃繻(需)。七日十三寺(時)乍(作)女(焉)，鼬(融)門昏遻，天美(衢)乃頗(睨)，匒雨乍(作)。吉〓(十日)南門昏正，旦北【一四】門遻，赤謁(靄)北行。古〓(十四)日青沒昏章，匒雨乍(作)，眾龍以瘤(藏)。十旨〓(七日)古〓(十四)寺(時)乍(作)女(焉)，玄鉤昏癹(發)，日爭〓(至于)北亟(極)，三日，雨，日乃反(返)行。【一五】廿〓(二十)日玄維旦輹(伏)，亟(期)風乍(作)。廿〓(二十)四日土汜旦紳(陳)，洹雨乍(作)。廿〓(二十)七日十又五寺(時)乍(作)女(焉)，白維旦癹(發)，司命之雨至。

季【一六】顕(夏)，昌〓(日月)啚(合)于青紀，以司民幾(機)。內(入)月四日，鶉火昏乾(晦)，以晨亓(其)筥(篤)，雨，道(逾)暑。旨〓(七日)十六寺(時)乍(作)女(焉)，青明〓(明明)，以監民悳(德)，大雨至。【一七】吉〓(十日)霝(靈)星昏通(涌)，大雨乍(作)。十四日玄明昏章，青肢兩上兩下，匒雨乍(作)，土龍下，內(入)于幽都。十旨〓(七日)七〓(十七)寺(時)乍(作)女(焉)，天泉旦紳(陳)，【一八】昬(暑)瘤(藏)，雷敂(呴)，大雨。廿〓(二十)日豕目旦亟〓(極，期)風至。廿〓(二十)五〈四〉日白維旦溢，雨。廿〓(二十)旨〓(七日)六〓(十八)寺(時)乍(作)女(焉)，朱宮旦章，寒雨隆(降)。昷〓(明日)道(逾)暑。【一九】

孟穆〈秋〉，日才(在)此(觜)蚤(尤)，白洛(露)隆(降)，觑(蟄)虫(蟲)觳(蟄)。內(入)月四日，青枸(鉤)乃乾(晦)，亙(極)云(雲)宾(賓)，不至，赤維乃需。旨〓(七日)十九寺(時)乍(作)女(焉)，青轄(轄)乃【二〇】需，北攸(啟)寒。吉〓(十日)玄枸(鉤)梟(發)通(涌)，風云(雲)宾(賓)。吉〓(十日)又四{〓}日玄鐈(轄)昏章，亙〈亟(極)〉云(雲)癹(發)，以癹(發)眾它(蛇)。七〓(十七)日廿〓(二十)寺(時)乍(作)女(焉)，玄門旦流，北云(雲)乍(作)，【二一】以雨。廿〓(二十)日帛(白)妥(帑)旦售(奮)，大丼(井)用曷(竭)，西風啟。廿〓(二十)四日白維乃潢(滿)，東丼(井)旦汲，洹雨乍(作)，木芔(草)反色。廿〓(二十)旨〓(七日)廿〓(二十)一寺(時)乍(作)女(焉)，赤妥{〓}(帑)旦章，鳥【二二】星皋(躊)眉(躇)，以鬻(畢)赤云(雲)于四方。

中(仲)穆〈秋〉，內(入)月四日，中啻(帝)乃屈〈层(徙)〉，青妥(帑)昏乾(晦)，風云(雲)宾(賓)。旨〓(七日)廿〓(二十)二寺(時)乍(作)女(焉)，白謁(靄)東行。吉〓(十日)西門昏正，【二三】亙(期)風至。十四日〓(日，日)月{〓}分，玄肢乃章，雨，眾它(蛇)以瘤(藏)。

十旨=(七日)廿=(二十)三寺(時)乍(作)女(焉),躳(窮)陟旦流,雷⿸疒酉(藏)。廿=(二十)日白維旦遻,亙(期)風乍(作)。廿=(二十)四日【二四】南紀旦溢,洹雨乍(作)。廿=(二十)旨=(七日)廿=(二十)四寺(時)乍(作)女(焉),赤維旦,風雨衣(殷)跊(秋)。

季昳(秋),内(入)月四日,青禼(轄)昏軘(暆),雨,以譬(畢)青維。旨=(七日)廿(二十)〔五寺(時)〕【二五】乍(作)女(焉),聿(建)星解,格(露)霜隆(降)。吉=(十日)玄明昏通(涌),風云(雲)⿱宀丐(賓)。十四日天豕昏章,戒云(雲)乍(作)。七=(十七)日廿=(二十)六寺(時)乍(作)女(焉),索(素)明旦戔(濫),唇(振)泉,寺(時)雨【二六】至。廿=(二十)日赤目旦紳(陳),亙〈亟(期)〉風至。廿=(二十)四日風云(雲)乍(作)。廿(二十)旨=(七日)廿=(二十)七寺(時)乍(作)女(焉),青鉤旦章,夋(俊)風⿸疒酉(藏)。

孟各(冬),昌=(日月)會(合)于赤,訇(始)冰。〔入月四日〕,【二七】玄鉤乃軘(暆),北云(雲)乍(作),女(如)不至,青維乃繻(需)。旨=(七日)廿=(二十)八寺(時)乍(作)女(焉),玄禼(轄)乃繻(需),北風啟寒。吉=(十日)寒訇(始)張,風寒。十四日帛(白)荵(帑)【二八】昏章,北舒(舍)癹(發)飽(迄),眾獸(獸)以⿱宀丐(賓)。七=(十七)日廿=(二十)九寺(時)乍(作)女(焉),帛(白)維旦流,奴(如)帛(白)雨。廿=(二十)日赤荵(帑)旦紳(陳),亙(期)風至。廿=(二十)四日輻(輹)車訇(始)載,【二九】洹雨乍(作)。廿=(二十)旨=(七日)卅=(三十)寺(時)乍(作)女(焉),南云(雲)乍(作),以雨,南方吝,北方又(有)旻(得)。

中(仲)各(冬),内(入)月四日,中帝遅(徙),玄安(帑)昏軘(暆),風云(雲)⿱宀丐(賓)。旨=(七日)卅=(三十)一寺(時)乍(作)女(焉),【三〇】寒門昏遻,墨(黑)⿱雨鳥(靄)南行。吉=(十日)北門昏正,風云(雲)⿱宀丐(賓)。⿱十四(十四)日白維昏章,雨,眾獸(獸)瘨(藏)。十旨=(七日)卅=(三十)二寺(時)乍(作)女(焉),赤枸(鉤)旦□,□□【三一】寒至,眾獸(獸)⿸疒酉(藏),日至于南亙〈亟(極)〉。廿=(二十)日霝(靈)星旦章,亙〈亟(期)〉風乍(作)。廿=(二十)四日洹雨乍(作)。廿=(二十)旨=(七日)卅=(三十)三寺(時)乍(作)女(焉),青維旦章,風雨衣(殷)各(冬)。

季【三二】各(冬),内(入)月四日,它(蛇)星晨亓(其)篙(篤),墬(地)童(動)。旨=(七日)卅=(三十)四寺(時)乍(作)女(焉),天湶(泉)高明,道(逾)寒。吉=(十日)帛(白)荵(帑)西紳(陳),風云(雲)⿱宀丐(賓)。十四日赤句(鉤)昏章,□□【三三】⿱宀丐(賓)。十旨=(七日)卅=(三十)五寺(時)乍(作)女(焉),赤目旦戔(濫),赤雨至,茻(草)木菆(聚)。廿=(二十)日,亟(期)風至。廿=(二十)四日青目旦遻,戒云(雲)乍(作)。廿=(二十)旨=(七日)卅=(三十)六寺(時)乍(作)女(焉),闌(關)【三四】寒出屠(暑)。卅=(三十)七寺(時)日乃受舒(序),乃复(復)尚(常)。

風(凡)月之道,四孟之月=(月,月)乍(作)于四弻(弼)、四安(帑)、四春(衝)、四禼(轄),或四鉤、四安(帑),四維、四安(帑)。四中(仲)之月=(月,月)乍(作)于【三五】四闡(關)、四維,四目、四維,或四目,或維、四禼(轄)。凡(凡)四季斉=(之月,月)一乍(作)于四禼

（轄）、四弻（弼）、四維、四妄（祭）、四句（鉤）。

凸（凡）乍（作）風雨，奴（如）未及日立（位）而乍（作）于月【三六】立（位），乃遂〈退〉以從之，亓（其）化（過）日立（位），乃進以從之，以日立（位）爲亟（極），以月夾之。亓（其）鬲（歷）卅=（三十）七寺（時）之婁（數），必從日立（位），母（毋）以=月=立=（以月位，以月位），四寺（時）乃𤔔（亂），【三七】四至乃不相旻（得）也。

凸（凡）萅（春）三月=（月，月）舟（周）鳥𡲞〈尾〉，正（征）鳥𤺺（藏），雨，亓（其）三不𤺺（藏），至孟顕（夏）吉=（十日）乃又（有）鳥𡗜（妖）乍（作）于邦。凸（凡）顕（夏）三月=（月，月）舟（周）天閘（關），【三八】以砱（遁）𤺺（藏），雨，亓（其）三不砱（遁），至孟穆〈秋〉吉=（十日）乃又（有）鬼䨻（靄）火乍（作）。凸（凡）顕（夏）三月=（月，月）舟（周）龍𡲞〈尾〉，衆龍𤺺（藏），雨，亓（其）三不至，及孟𥝌（秋）吉=（十日）乃又（有）龍它（蛇）之𡗜（妖）。【三九】凸（凡）𥝌（秋）三月=（月，月）舟（周）龍𡲞〈尾〉，以砱（遁）𡪹（藏），雨，亓（其）三不至，及孟各（冬）吉=（十日）乃又（有）𧈢（虹）需乍（作）。凸（凡）𥝌（秋）三月=（月，月）舟（周）東序，它（蛇）𤺺（藏），雨，三不雨，至孟各（冬）吉=（十日）乃【四〇】｛乃｝又（有）雷乍（作）。凸（凡）各（冬）三月=（月，月）舟（周）東序，逌（逾）𤺺（藏），雨，亓（其）三不至，及盟（明）萅（春）乃又（有）水熊乍（作）。凸（凡）各（冬）三月=（月，月）舟（周）天奐（衡），正（征）獸（獸）𡪹（藏），雨，亓（其）三不雨，及【四一】｛及｝孟萅（春）乃又（有）蟄虫（蟲）見。萅（春）三月=（月，月）舟（周）天奐（衡），逌（逾）𡪹（藏）正（征）獸（獸），雨，亓（其）三不至，亟（及）孟顕（夏）𨓚（復）晨（辰）乃又（有）兵乍（作）。凸（凡）𡗜（妖）乍（作），𨓚（復）或（又）乍（作），復（復）【四二】日晨（辰）大乍（作），三乃巳（已）。【四三】

［一］【一】　［二］【二】　［三］【三】　四【四】　五【五】　六【六】　七【七】　八【八】　［九］【九】　十【一〇】　十一【一一】

十二【一二】　十三【一三】　十四【一四】　十五【一五】　十六【一六】　十七【一七】　十八【一八】　十九【一九】　廿【二〇】

廿一【二一】　廿二【二二】　廿三【二三】　廿四【二四】　［廿五］【二五】　［廿六］【二六】　［廿七］【二七】　廿八【二八】　廿九【二九】

［卅］【三〇】　［卅一］【三一】　卅二【三二】　［卅三］【三三】　［卅四］【三四】　卅五【三五】　卅六【三六】　卅七【三七】　卅八【三八】

卅九【三九】　四十【四〇】　四十一【四一】　四十二【四二】　四十三【四三】

司歲

【釋　文】

凸(凡)行水旱火疾兵喪死之道，正亡(無)丰、亡(無)萬(厲)、六晨(辰)以爲紀。亓(其)六晨(辰)：一爲枬(哉)，二爲上寺(時)，三爲中寺(時)，四爲下寺(時)，五爲閖(閒)。【一】

凸(凡)六晨(辰)司胾(歲)：

聑(攝)𤰈(提)之胾(歲)，亥受舒(序)，巳爲上寺(時)，卯爲中寺(時)，丑爲下寺(時)，寅申爲二閖(閒)，子晨(辰)酋(酉)未爲亡(無)丰，午戌爲亡(無)萬(厲)。【二】

蠠(單)菸(閼)之胾(歲)，巳受舒(序)，亥(亥)爲上寺(時)，酉(酉)爲中寺(時)，未爲下寺(時)，寅申爲二閖(閒)，午卯戌爲亡(無)萬(厲)，子丑晨(辰)爲亡(無)丰。

䞕(執)余(徐)，戌【三】受舒(序)，晨(辰)爲上寺(時)，寅爲中寺(時)，子爲下寺(時)，丑未爲二閖(閒)，亥卯午巳爲亡(無)萬(厲)，申酋(酉)爲亡(無)丰。

㐬(荒)駱(落)，晨(辰)受舒(序)，戌爲上【四】寺(時)，申爲中寺(時)，午爲下寺(時)，未丑爲二閖(閒)，巳亥(亥)寅卯爲亡(無)萬(厲)，酋(酉)子爲亡(無)丰。

辜(敦)牂(牂)，酋(酉)受舒(序)，卯爲上寺(時)，丑爲中【五】寺(時)，亥爲下寺(時)，子午爲二閖(閒)，戌寅巳爲亡(無)萬(厲)，晨(辰)未申爲亡(無)丰。

劦(協)㑒(洽)，卯受舒(序)，酋(酉)爲上寺(時)，未爲中寺(時)，巳爲下寺(時)，子午【六】爲二閖(閒)，晨(辰)申丑爲亡(無)丰，戌寅亥爲亡(無)萬(厲)。

滾(涒)難(灘)，申受舒(序)，寅爲上寺(時)，子爲中寺(時)，戌爲下寺(時)，亥巳爲二閖(閒)，酋(酉)【七】丑晨(辰)未爲亡(無)丰，卯午爲亡(無)萬(厲)。

乍(作)噩，寅受舒(序)，申爲上寺(時)，午爲中寺(時)，晨(辰)爲下寺(時)，巳亥爲二閼(閒)，卯戌爲亡(無)萬(厲)，未酓(酉)子【八】丑爲亡(無)丰。

䜌(閹)茅(茂)，未受舒(序)，丑爲上寺(時)，亥爲中寺(時)，酓(酉)爲下寺(時)，戌晨(辰)爲二閼(閒)，申子爲亡(無)丰，寅卯巳午爲亡(無)萬(厲)。【九】

大困(淵)，丑受舒(序)，未爲上寺(時)，巳爲中寺(時)，卯爲下寺(時)，晨(辰)戌爲二閼(閒)，寅午亥爲亡(無)萬(厲)，申酓(酉)子爲亡(無)丰。

困𦎫(敦)，午受【一〇】舒(序)，子爲上寺(時)，戌爲中寺(時)，申爲下寺(時)，酓(酉)卯爲二閼(閒)，未丑晨(辰)爲亡(無)丰，亥巳寅爲亡(無)萬(厲)。

奮(奮)若(若)，子受舒(序)，午【一一】爲上寺(時)，晨(辰)爲中寺(時)，寅爲下寺(時)，卯酓(酉)爲二閼(閒)，丑未申爲亡(無)丰，亥戌[巳]爲亡(無)萬(厲)。

凸(凡)十又二散(歲)，兩晨(辰)司散(歲)，戈〈弋(代)〉【一二】出戈〈弋(代)〉內(入)以聿(盡)十二(十二)月，返(復)以爲十又二散(歲)，屯(純)然亓(其)亡(無)萬(厲)、二閼(閒)不與易立(位)。凡亡(無)丰以風三，邦乃又(有)𩁹(喪)。亡(無)萬(厲)【一三】……爲日丁，虘(且)見(視)吉=(十日)之卲(剛)柔以穆之，虘(且)見(視)雨風之迁〈逆〉川(順)少長以穆【一四】[之]。【一五】

[四十四]【一】　四十五【二】　四十六【三】　四十七【四】　四十八【五】　四十九【六】　五十【七】　五十一【八】　四十七【九】　四十八【一〇】　四十九【一一】　五十【一二】　五十一【一三】　五十二【一四】　五十三【一五】

行稱

【釋文】

凡行爯（稱）之道，月六爯（稱），戢（歲）四會（合）。月朔之日爯（稱）裕文，至日晝，夕發（廢）。內（入）月五日爯（稱）均民，【一】明日而發（廢）。內（入）月旬日爯（稱）共（恭）祀，明日而發（廢）。旬又五日爯（稱）弔褮（勞），明日而發（廢）。二旬爯（稱）綽【二】武，明日而發（廢）。二旬又五日爯（稱）縪卬（抑），明日而發（廢）。亓（其）余（餘）四日亡（無）可以爲，是胃（謂）灋（廢）日。

裕文，【三】凡告必許，不可以妄（怒），未至逡（後）爯（稱）之日而又（有）啞（惡），㝵（得）之於不裕。爯（稱）均民，利分敝（幣），【四】母（毋）又（有）貴戔（賤），必均，奴（如）不均，叟（吝）於牛馬。爯（稱）共（恭）祀，利卜筶（筮）、𥘵（功）練（績）之事，奴（如）弗爲，叟（吝）【五】於五穜（種）不陞（登）。爯（稱）弔褮（勞），利畋（田）轍（獵）、佗（馳）馬、縪（畢）紩（弋）、土𥘵（功）之事，奴（如）弗爲，叟（吝）於少（小）子、徒【六】戣（衛）、埜（野）郢（里）人。爯（稱）綽武，利爂（攝）兵虖（甲），攸（修）寶（府）庫，奴（如）弗爲，叟（吝）貨資遬（速）𢓜（散）芒（亡）。奴（如）爯（稱）【七】縪卬（抑），利伐殺型（刑）殄（戮）。四正之月＝（月，月）而羅（離）晶（參）以會（合）。

凡爯（稱）之日牆（將）又（有）㝵（得），牆（將）或（又）又（有）㝵（得）；又（有）【八】喪（喪），牆（將）或（又）又（有）㝵（得）。又（有）憙（喜），牆（將）或（又）又（有）憙（喜）；又（有）啞（惡），牆（將）或（又）又（有）憙（喜）。凡發（廢）之日又（有）㝵（得），牆（將）或（又）又＝喪＝（有喪；有喪），【九】牆（將）或（又）又（有）喪（喪）。又（有）啞（惡），牆（將）或（又）又（有）啞（惡）；又（有）憙（喜），牆（將）或（又）又（有）啞（惡）。會（合）之日而才（在）爯（稱）而又（有）㝵（得），必三。【一〇】

一【一】　二【二】　三【三】　四【四】　五【五】　六【六】　七【七】　八【八】　九【九】　十【一〇】　十一【一一】

病方

【釋文】

……【一】瓠（瓠）澮（煮）以西（酒），畬（飲）之，以瘻（瘥）肩、脊（背）疾。昔澮（煮）之以西（酒），畬（飲）之，以瘻（瘥）熱。忍目

【二】澮（煮）以澡（澡）目疾，虞（且）以褱（緩）之。【三】

〔十二〕【一】　十三【二】　十四【三】　〔十五〕【四】　十六【五】　十七【六】　十八【七】　十九【八】

五紀

【釋文】

隹（唯）昔方又（有）蕻（洪），奮（奮）洫（溢）于上，雚（權）亓（其）又（有）中，虘（戲）亓（其）又（有）悳（德），以繞（乘）𤔔（亂）天紀。后帝、四軓（幹）、四楠（輔），乃䎉（聳）乃愳（懼），偁（稱）【一】纕（攘）以煮（圖）。后帝青（省）吕（己），攸（修）鬲（歷）五絽（紀），自日句（始），乃旬笲（簡）五＝絽＝（五紀）。五紀既尃（敷），五算聿（律）厇（度），大參建尚（常）。天陞（地）、神示（祇）、萬【二】皃（貌）迵（同）悳（德），又（有）卲（昭）盟＝（明明），又（有）蕻（洪）乃呈（彌），五絽（紀）又（有）尚（常）。

后曰：日、月、星、晨（辰）、戢（歲），隹（唯）天五絽（紀）。文后經〈經〉悳（德）自此句（始）。文后乃【三】侖（倫）鬲（歷）天絽（紀），初戠（載）于日，曰豨古之絽（紀），自一句（始），一亦一，二亦二，三亦三，四亦四，五亦五。天下之譽（數）算，隹（唯）后【四】之聿（律）。

后曰：

一風，二雨，三寒，四屠（暑），五大音，天下之寺（時）。

一槵（直），二巨（矩），三準，四爯（稱），五叏（規），員（圓）正達尚（常），天下之厇（度）。【五】

槵（直）豊（禮），巨（矩）義，準㤅（愛），爯（稱）𢚩（仁），員（圓）中，天下之正。

豊（禮）青，義白，㤅（愛）墨（黑），𢚩（仁）赤，中黃，天下之章。

譽（數）算、寺（時）、厇（度）、【六】正、章，隹（唯）神之尚、示（祇）之司。

章：日、昜（揚）者、𤆂（昭）昏、大昊、司命、癸中，尚章司豊（禮）；

正：月、婁、觱穿、少昊、司【七】录（祿）、大嚴，尚正司義；

厇（度）：門、行、盟（明）星、耑（顓）頊、司盟（盟）、司校，尚厇（度）司㤅（愛）；

寺（時）：大山、大川、高犬（大）、大音、大石、禝（稷）【八】匿，尚寺（時）司𢚩（仁）；

婁（數）算：天、陞（地）、大禾（和）、大繇（乘）、少（小）禾（和）、少（小）繇（乘），尚婁（數）算司中。

后曰：一曰豊（禮），二曰義，三曰炁（愛），四【九】曰悬（仁），五曰中，隹（唯）后之正民之悳（德）。

后曰：天下豊（禮）以事䞈（賤），義以寺（待）相女（如），炁（愛）以事𡧍（賓）配，悬（仁）以共晉（友），【一〇】中以事君父母。

后曰：豊（禮）敬，義忞（恪），炁（愛）共（恭），悬（仁）嚴，中畏。

后曰：豊（禮）畏（鬼），義人，炁（愛）墬（地），悬（仁）寺（時），中天。

后曰：豊（禮）【一一】亓（基），義巳（起），炁（愛）𨑒（往），悬（仁）逨（來），中止。

后曰：目相豊（禮），口相義，耳相炁（愛），鼻相悬（仁），心相中。

后曰：天下目相豊＝（禮，禮）行【一二】植（直）；　口相義＝（義，義）行枋（方）；　耳相炁＝（愛，愛）行準；　鼻相悬＝（仁，仁）行爯（稱）；　心相中＝（中，中）行員（圓）峇（裕）。

后曰：天下員（圓）峇（裕），會（合）眾隹（唯）中＝（中，中）隹（唯）聿（律）；　爯（稱）【一三】……【一四】……【一五】元休是章。

后曰：日隹（唯）尚（常），而月隹（唯）則，星隹（唯）型，唇（辰）隹（唯）絽（統），戢（歲）隹（唯）絽（紀），尃（敷）杸（設）五章，索㬎因僊違迟（起），五算【一六】會（合）參，豊（禮）義所止，炁（愛）中補（輔）悬（仁），建才（在）父母，巨（矩）方耑（端）員（圓），行用共（恭）祀。

后曰：五𠬝（規），四爯（稱），三準，二巨（矩），一緷（繩）。

后曰：【一七】侖（倫）五追（紀）：緷（繩）以爲枋（方）。豊（禮）青，炁（愛）囚（黑），青囚（黑）爲章，準緷（繩）成方；　義白，中黃＝（黃，黃）白爲章，𠬝（規）巨（矩）成方。

后曰：集章【一八】旻（文）豊（理）隹（唯）悳（德），曰豊（禮）、義、炁（愛）、悬（仁）、中，會（合）悳（德）以爲方。

后曰：參聿（律）建神正向。悬（仁）爲四正：東冘、南冘、西冘、北【一九】冘；　豊（禮）、炁（愛）成右（左）南唯（維）、北唯（維），東＝檯＝（東樹東柱）；　義、中成右南唯（維）、北唯（維），西＝檯＝（西樹西柱），成巨（矩）。建子、丑、寅、卯、唇（辰）、巳、午、未、申、【二〇】酉（酉）、戌、亥，絽（紀）參（三）成天之堵。取（陬）、若（如）、秉（寎）、余、咎（皋）、虘（且）、倉（相）、牖（壯）、玄、昜（陽）、古（辜）、坴（涂），十又（有）二成戢（歲）。凥（處）五：日、月、星、唇（辰）、戢（歲）。

后曰：【二一】䓘（疇）列五絽（紀），以旻（文）疋（疏）天則。中黃，厇（宅）中亟（極），天、墬（地）、大禾（和）、［大］繇（乘）、少（小）禾（和）、少（小）繇（乘），尚中司算聿（律）；　豊（禮）青，［厇（宅）東亟（極），］【二二】［日、昜（揚）者、㸚（昭）］昏、大昊、司命、癸中，尚豊（禮）司章；　悬（仁）赤，厇（宅）南亟（極），大山、大川、高大＝（大、大）音、大石、稷（稷）匿，尚悬（仁）司【二三】寺（時）；　義白，厇（宅）西亟(極),月、婁、觲躳、少昊、司录(禄)、大嚴,尚義司正; 恣(愛)四(黑),乇(宅)北亟(極),門、行、盟(明)星、耑(顓)項、司盟(盟)、[司校,]【二四】尚恣(愛)司乇(度)。

后曰:豊(禮)、義、恣(愛)、㤅(仁)、中,六惪(職)倉(合)五建,四維算行星:建星、堅=(牽牛)、婺=(婺女)、虛、危(危)、營=(營室)、畠開(壁); 奎(奎)、婁=(婁女)、胃、鼎(昴)、【二五】蜀(濁)、參、𢍏(伐); 狼、𢆯(弧)、雖(咮)、張、星=(七星)、異(翼)、軫; 大角、天良(根)、杲(本)角、駟、心、唇、笄(箕)。神尚南門,后正北斗(斗)。

后曰:天墬(地)、四巟(荒)、四尢、【二六】[四桓(柱)、四唯(維),是隹(唯)]羣神十又(有)八。方六司,是隹(唯)羣示(祇)廿=(二十)又(有)四。向七惪(職),是隹(唯)羣神廿=(二十)又(有)八。攺(地)正南門、天喬(規)北斗(斗)。

后【二七】曰:天下之神示(祇),神之受算立(位)者,亓(其)譽(數)女(如)此。天曰坨(施),墬(地)曰坓(型),禾(和)曰寺(時),繞(乘)曰成。子曰生,丑曰恣(愛),寅曰音,【二八】卯曰罶(蠲),唇(辰)曰身,巳曰和,午曰言,未曰味,申曰恣(愛),酉(酉)曰甘,戌曰故(苦),亥曰亞(惡)。受惪(職)𤼽(發)寺(時),萅(春)虽(夏)𥢶(秋)各(冬),連(轉)【二九】受寒唇(暑),三(四)亟(極)至風,隆(降)坨(施)寺(時)雨,興(興)胄(育)萬生,六畜番(蕃)余(餘)。十神又(有)八,以光天下六貞(珍)。

后曰:皴(皮)、革、羽、毛、絲、【三〇】桼(漆)。

后曰:高大尚民之且(祖),凡(凡)皮(彼)百生、萬族、皃(貌)民,貴賤、長耑(短)、男女,皆(皆)思(使)卬(仰)皇天之三惪(德),曰:以事父之且(祖),【三一】而共(供)母之祀,慎(慎)民之弋(忒),是胃(謂)三惪(德)。大川尚水,魚鱉(鱉)黿鼉倉(蛤)象,青芔(草)百勿(物)生之。亓(其)水湛(沈)澤,五穀(穀)慮(濾)【三二】酉(酒),罶(蠲)魶濯汽(溉)浴涂(沐)。民之谷(裕)材,亓(其)貞(珍):珠、龜、像(象)。大山尚石,登云(雲)五勿(物),芔(草)木百勿(物),虫(蟲)它(蛇)百勿(物),禽(禽)單〈獸〉百勿(物)【三三】□(生?)之。民之谷(裕)材,亓(其)貞(珍):金、玉、石。

曰:凡(凡)此萬生,日盟(明)之,風事之,𤋮(昭)昏敬之,大昊閒(間)之,司命司之,癸中見(視)【三四】[之]; 大音童(動)之,大祏(石)受(授)寺(時),稷(稷)坨(施)五穀(穀); 月弋(式)之,螻(婁)則之,觲躳尚歆(飲),少昊尚身,司录(禄)量,大嚴凾(莊); 門【三五】[□]之,行=(行行)之,盟(明)星秉之,耑(顓)項慎(慎)之,盟(盟)𢆶(傾)之,司校要之。

后曰:凡(凡)此十神又(有)八之日,上甲以爰唇(辰),凡(凡)此羣【三六】示(祇)之日,唇(辰)爰日。凡(凡)羣神之虖(號):天亓(其)虖(號)曰倉(蒼)皇、高畏,上甲又(有)子。墬(地)亓(其)虖(號)曰降魯,天倉(合)又(有)土,上甲又(有)戌。四【三七】巟(荒)同虖(號)曰天昉(荒),又(有)光司晦,上甲又(有)申。四尢同虖(號)曰天尢,行猷又(有)侖(倫),上甲又(有)午。四桓(柱)同虖(號)曰天桓（柱），建【三八】女（安）又（有）尚（常），上甲又（有）晨（辰）。四惟（維）同虐（號）曰天惟（維），行望三（四）方，上甲又（有）寅。東司同虐（號）曰秉豊（禮）司章，元晨（辰）日某。南【三九】司同虐（號）曰秉㥍（仁）司寺（時），元晨（辰）日某。西司同虐（號）曰秉義司正，元晨（辰）日某。北司同虐（號）曰秉㤅（愛）司厇（度），元【四〇】晨（辰）日某。四維同虐（號）曰行星又（有）終，日某。南門亓（其）虐（號）曰天門、天殷，聿（建）正秉㥍（仁），立（位）川（順）及客＝（左右）升（徵）徒，日某。北【四一】主（斗）亓（其）虐（號）曰北宗、天裔（規），聿（建）尚（常）秉㤅（愛），皇（匡）天下，正四立（位），日某。

后曰：乍（作）又（有）卡＝（上下），而昊＝（昊昊）皇＝（皇皇），方員（圓）光谷（裕），正之以【四二】四方。羣神又（有）立（位），司見（視）不羊（祥）。旻（文）象用見（現），畏（威）靁（靈）甚盟（明）。𣅀（春）虽（夏）𥤚（秋）各（冬），反（判）以侌（陰）昜（陽）。冐＝（日月）星晨（辰），緈（贏）絀耑（短）長，名日【四三】和晨（辰），婁（數）以爲絽（紀）統（綱）。寺（時）墜（降）番（蕃）胄（育），萬生所望。五教（穀）六畜，水火相行。庶人以備（服），神畏（鬼）以亯（享）。豈（樹）杌（設）邦豪（家），【四四】蚤（廟）濯（祧）經述（遂），道𢦏（載）正卿（向）。邦豪（家）既建，芔（草）木以爲英。裔（規）巨（矩）五厇（度），天下所行；豊（禮）義㤅（愛）㥍（仁），中相后皇。配【四五】會（合）高弌（貳），智（知）后以盟（明）。天道之不攺（改），永舊（久）以長。天下又（有）悳（德），裔（規）巨（矩）不爽。

后曰：中曰言，豊（禮）曰簭（筮），義曰卜，㥍（仁）【四六】曰族，㤅（愛）曰器。中曰行，豊（禮）曰相，義曰方，㥍（仁）曰相，㤅（愛）曰圖（藏）。

后曰：天爲簭（筮），神爲龜，盟（明）神相弌（貳），人事以思（謀）。天下【四七】之后，以貞參志，卡＝（上下）以共（恭）神，行史（事）不忌（疑）。天下折（制）量，不以人敎（梗）爲象，不以車馬爲厇（度）。不用玉，用府（璞）石。【四八】義（犧）䏌（用）不用大勿（物）之句（厚）全，敝（幣）不用良，用利（黎）奴（駑）。神不求戠（咸），爲共（恭）之古（故）。𣅀（春）𥤚（秋）以賓，連（轉）受世序（序）。夫是古（故）

【四九】凡（凡）攻祝、祭祀、齊（齋）𠈇（宿）、亶（壇）敘（除）、工（貢）事，不夫曰夫，不香曰香，不旨曰旨，不加（嘉）曰加（嘉）。畏（鬼）神又（有）弋（式），天下同義（儀）。夫【五〇】是古（故）天下又（有）言，百（首）曰隹（唯）此覍＝（變，變）者母（毋）迷（迷）。天下之豊（禮），童（動）以行之，口以牆（將）之，此之胃（謂）豊（禮），此之胃（謂）義，用【五一】者（諸）天，用者（諸）神，用者（諸）人。

后曰：凡（凡）事羣神，亡（無）戠（咸）又（有）瞚（慎），敬昏（慎）齊（齋）𠈇（宿），亶（壇）敘（除）、虐（號）祝，牆（將）器母（毋）貣（貨），勿（物）生曰義（犧），【五二】敝（幣）象用加（嘉），𣅀（春）𥤚（秋）母（毋）迷（迷），行豊（禮）㦰（踐）旹（時），神不求多。夫是古（故）凡（凡）攻祝、齋𠈇（宿）、祭祀、亶（壇）敘（除）、工（貢）事，用敓（費）【五三】而不旹＝（時，時）卡＝（上下）不川（順），敝簭（筮）沽（枯）龜，夫兆（兆）圭（卦）笁（茫）亂（亂），占至（坼）吳（虞）之。夫是古（故）見（視）向而不盟（明），聖（聽）向而不恖（聰），言【五四】向不皇，多敓（費）用云

(棄)，畏(鬼)神弗亯(享)，猷戠(咸)亡(無)系(蹊)，保北(必)不行，盟(明)神道(逾)事，后祝受央(殃)。

后乃永難(歎)，䀈(又)簹(憲)于【五五】宦(官)又(有)事曰：百宦(官)百攻(工)，百府(府)百司，敋(恪)共(恭)皇事，敬女(汝)以弋(式)，成弋(式)之攱(表)，足以自褮(勞)。

后曰：虗(吾)所旻(得)，司亦旻(得)之，【五六】虗(吾)所飤(食)，萬亦飤(食)之，勿𢗰(隱)勿匿，皇后之弋(式)。后敚(閱)亓(其)婁(數)，府(府)受亓(其)㥔(飭)，非佻(盜)非竊(竊)，褮(勞)人以思(息)，百宦(官)百攻(工)，百【五七】府(府)百司，懽(觀)天亖(四)寺(時)，母(毋)悉(迷)緒事。猷(由)乃好敚(美)，𤼵(發)乃褮(勞)力。不共(恭)于正(政)，畀女(汝)㝑(寇)型(刑)，卡=(上下)亡(無)亦(赦)，才(在)皇之【五八】則。敋(恪)浼(勉)隹(唯)敬，母(毋)甬(用)備(僃)葸(葸)。祝乃秉豊(禮)，善(壇)于西〈東〉坙〈垽(宅)〉曰：丮豊(禮)虎(號)祝，曰隹(唯)川(順)是行。宗乃秉忈(仁)，善(壇)于【五九】南垽(宅)曰：祭器香柔，曰隹(唯)罿(蠲)香。宦(官)長秉義，善(壇)于東〈西〉垽(宅)曰：豣(牲)豚(用)比勿(物)，曰隹(唯)犧(犧)。攻(工)帀(師)秉炁(愛)，善(壇)【六〇】于北垽(宅)曰：器敝(幣)上(尚)色，曰隹(唯)加(嘉)。曰四坙〈垽(宅)〉四或(域)天下，豊(禮)曰則，忈(仁)曰飤(食)，義曰弋(式)，炁(愛)曰備(服)，四豊(體)以共，全中曰畐(福)。【六一】

后曰：五紀(紀)既尃(敷)，參五(伍)斆章，盟=(明明)不彖(惰)，又(有)叕(昭)晶(三)光。日出于東，行豊(禮)隹(唯)盟(明)。月出于西，侖(倫)義隹(唯)堂(常)。南至【六二】四亟(極)，旾(春)昰(夏)秝(秋)各(冬)，許(信)亓(其)又(有)侌(陰)昜(陽)，中正裔(規)巨(矩)，權爯(稱)正奐(衡)。

日之悳(職)曰：我昇(期)［豊(禮)］乍(作)寺(時)，叢羣思(謀)旬(詢)，天下怡戠(察)【六三】之。日之悳(職)盟(明)戠(察)，夫是古(故)司盟(明)戠(察)。月之悳(職)曰：我秉義，弄(奉)正衰殺，旬(循)弋(式)天下，共(恭)不遲(徙)。月之悳(職)行悉(審)，夫【六四】是古(故)后〈司〉行悉(審)。南門之悳(職)曰：我川(順)忈(仁)，敘(序)至四寺(時)，臨天下，紀(紀)皇天。南門之悳(職)立(位)川(順)，夫是古(故)后〈司〉立(位)川(順)。北主(斗)【六五】之悳(職)曰：我秉炁(愛)，萃(疇)民之立(位)，㞷(匡)天下，正亖(四)立(位)。北主(斗)之悳(職)正青(情)旨(稽)命，夫是古(故)后〈司〉正青(情)旨(稽)命。𦘔(建)星之悳(職)【六六】曰：我行中，鬲(歷)日月，成歲，麋(彌)天下，數(數)之終。𦘔(建)星之悳(職)婁(數)旨(稽)，夫是古(故)后〈司〉長婁(數)旨(稽)。

后乃婁(數)旨(稽)蒚(協)悳(職)，鬲(歷)【六七】歲㞷(匡)天，裔(規)象衣(依)垽(度)，綧聿(律)五紀(紀)，用正下方，曰：殹皮(彼)北主(斗)，正聿(律)之行，帝禪(祗)會(合)巨(矩)，以受元皇，百彔(祿)女(焉)䪼(羞)，【六八】庶䩌(賤)不章，雁(膺)受氒(厥)貞，永命保尚(常)。隹(唯)皇上帝，禾(和)逃(兆)天尾(度)，𦘔(建)枂(設)五步，菅(春)秝(秋)各(冬)昰(夏)，天奐(衡)既正，爰又

（有）日【六九】夜。隹（唯）皇上帝，𨹹（降）爲民弋（式），𡉚（建）埶（設）五行，四旹（時）是備，帝正會（合）巨（矩），絀經（贏）同罜（罰），童（動）事象則。𤔔（亂）則旣（氣）皇，三【七〇】述（遂）逵（失）光，不列同死，帝之所𠫓（棄），𢘅（迷）于兹灋（法），或（惑）于天尚（常）。旣莫吉凶，乃占亯（祜）央（殃）。

后乃診象，㞷（匡）【七一】三（四）亟（極）：東維龍，南維鳥，西維虎，北維它（蛇）。

后曰：爰皮（彼）四維，東=（烈烈）亓（其）行。夫七桼（次）埶（設）尃（敷），而舟（周）浧（盈）侌（陰）【七二】昜（陽）。敋（各）又（有）枳（枝）枼（葉），爰=（爰爰）亓（其）行，叀（轉）還（圜）亡（無）止，一沁（陰）一昜（陽）。肙=（日月）爰宋（次），晦朔以紀（紀）天，絃（弦）望以爲亢（綱），敘行亓（其）桼（次），【七三】會（合）丽（離）相宔（望）。叀（轉）舟（周）相受，一每（晦）一盟（明），章見（視）象則，萬生所望。歆（贛）司民惪（德），爲吉爲凶，爲柔爲弫（剛）。【七四】夫是古（故）后寺（時）羅乍（作）事，而診名是昜（揚）。

后乃𢦏（載）立（位）於𡉚（建）星，豊（禮）樂於牽=（牽牛），賓妟（宴）於婺=（婺女），乍（作）攷（巧）讓於虗（虛），【七五】彊（張）朿（次）坨（施）茧於危（危），𢦏（載）𡇡（廟）於營=（營室），盟（明）攵（啟）於𡎜壁（壁）。后乃𢦹（劃）既（溉）攴（蔽）浴（谷）於奎（奎），𡢁（屬）船（躳）於婁=（婁女），𤖹（藏）於胃，𢼸（造）羣於【七六】昴（昴），罔（網）於蜀（濁），折中於參，乍（作）武𢥩（禱）戒（誡）於𤼷（伐）。后乃獸（狩）於狼，𠋫（始）𢎿（射）於弧（弧），僉（斂）五童（種）於𪇴（味），𠋫（始）饔於𪇴（張），【七七】雚（權）爯（稱）於𡍮=（七星），相身於異（翼），𣑻（春）邑𤰔（免）難，秌（秋）𢦏（載）𧆞（露）相（霜）於軫。后乃埶（設）𦬹（芒）𩠐於大角，𢘔（祈）年於天𠬶（根），曾【七八】於杲（本）角，備馬於駟，發（發）猷於心，𤰈（壅）障（障）於𩓚，𥮑（簡）昜（揚）於笄（箕）。

后事鹹（咸）成，萬生行象則之。天爲百（首），𠯁（地）與四【七九】亢（荒）与（與）行，盟（明）星、瑞=（顓頊）、司盟（盟）爲朿（脊），甲子之旬是司。高大=（大、大）川、大山与（與）月，婁、𦙶船、少昊、司彔（祿）、大敢（嚴）及【八〇】門爲右𦢊（脅），甲戌之旬是司。大音、大石、䄐（稷）匿与（與）日，昜（揚）者、𤇯（昭）昏、大昊、司命、癸中及司𢾊〈𢾊〉爲右（左）𦢊（脅），【八一】甲申之旬是司。

南宂右肩，東宂右（左）肩；北宂右（左）𦟝（髀），西宂右𦟝（髀）。西查（柱）右厷（肱），東查（柱）右（左）厷（肱）；西查（柱）右𦡊（股），【八二】東查（柱）右（左）𦡊（股）。右（左）南惟（維）右（左）辟（臂），右南惟（維）右辟（臂）；北唯（維）之右=（右右）𩩲（骸），亓（其）右=（左左）𩩲（骸）。是隹（唯）大神，尚大骨十二，十晨（辰）又（有）二是司。

大【八三】角爲耳，𡉚（建）星爲目，南門之𨐋爲畀（鼻），笄（箕）爲口，北主（斗）爲心，𡎜壁（壁）爲𦡺（肺）肝，良（狼）爲𦡻（腎），發（伐）爲𦞠（䏝），軫爲𣿌，奎（奎）【八四】爲𥂽，甲午之旬是司。東維右（左）手，南維右手，甲晨（辰）之旬是司。西維右足，北維右（左）足，甲寅之旬是司。【八五】六旬尚耑（短）桼（節）少（小）骨，示（祇）神是司。

南門受(授)㤅(仁)，而北主(斗)受(授)炁(愛)，是秉㤅(仁)而行炁(愛)。既雁(膺)受悳(德)，叓(踐)立(位)又(有)尚(常)。母(毋)卬(迎)皇(枉)，【八六】母(毋)衜(道)方(妨)，昏(慎)客〓(左右)，退又(有)宋(次)，進又(有)行。聖(聽)隹(唯)蔥(聰)，貝(視)隹(唯)盟(明)，貞璧(辟)母(毋)湯(蕩)，舋(閔)四方，矞(規)受天道，祡(祠)又(有)尚(常)。后〈司〉是巨(矩)，爰四【八七】維，昔(春)虽(夏)跞(秋)各(冬)，后圩(序)正命以此。

耳隹(唯)炁(愛)，目隹(唯)豊(禮)，畀(鼻)隹(唯)㤅(仁)，口隹(唯)義。

塡曰組，吝(類)曰慮(作)。参(三)曰固，四曰弃(撫)，八【八八】曰利，廿曰覍(變)。四曰幾(機)，二曰攷(巧)，憶(十)曰好。足曰立步犀(遲)迷(速)還，手曰糕(搤)秡(搐)叏(御)量秉。睪(擇)罿(蠲)飤(食)歆(飲)匓(飽)，止皮(跛)踰(蹲)凥(踞)【八九】保(肆)。武跬步徙(走)遫(趣)，兩足同尾(度)曰跗，觠(拳)扶咫尺𢽍(尋)，再手同尾(度)曰弄，是胃跗弄。戠船隹(唯)尾(度)，四幾(機)組聿(律)，道【九〇】經(盈)緯憶(十)。凡(凡)天下萬民，乍(作)好用此，番(蕃)自〈息〉用此，祡(嗣)子用此，共(恭)祀用此。

乍(作)又(有)百祟，才(在)人之出。占民之疾，羣神【九一】羣示(祇)，尚亓(其)枳(肢)桼(節)，𠦪〓(上下)左〓(左右)，又(有)唇(辰)与(與)日。凡(凡)民又(有)疾，自要(腰)以上，是胃(謂)興疾，天畏(鬼)祟；自要(腰)以下，是胃(謂)辟(癖)鬲(隔)，墬(地)畏(鬼)【九二】祟。疾凥(處)頸、脨(脊)及佁(尻)，是胃(謂)旨(耆)，祖(詛)盟(盟)祟。疾凥(處)復(腹)心肺肝之中，是胃(謂)梮(宭)，人畏(鬼)祟。疾凥(處)四只(肢)：脣(骸)、足、股(股)、【九三】厷(肱)，是胃(謂)武疾，室(無)良、不𣦸〓(壯死)祟。凡(凡)民又(有)疾，百體(體)百桼(節)，莫疾莫痛(痛)，唇(暑)戻(熱)猥〓(㥜㥜)，會旣(氣)爲痤(狂)，旱(悍)旣(氣)爲瘍，【九四】瘇(腫)痟(潰)不已(已)，𠦪〓(上下)亡(無)方。集(雜)悳(德)不屯(純)，百祟之央(殃)。

民之不敬，神示(祇)弗良。天下有尚(常)，不韋(違)之用行。凡(凡)民共(恭)事，【九五】寺(時)墨(遇)福化(禍)，寺(時)不羊(祥)。天乍(作)夭(妖)，神乍(作)蓢(孽)，民不敬，自遺罰。天墬(地)疾痼(愠)，神見禍(禍)㺯(孽)，化(過)而弗改(改)，天之所【九六】罰。於天女(如)矞(規)，於神女(如)巨(矩)，於人女(如)尾(度)，天墬(地)、四巟(荒)、四冘、四杳(柱)、四唯(維)是司。

正列十卉(乘)又(有)五。

黃帝之身，尃(溥)【九七】又(有)天下，紿(始)又(有)桓(樹)邦，紿(始)又(有)王公。四巟(荒)、四冘、四桓(柱)、四唯(維)、羣示(祇)、萬皃(貌)女〓(焉)紿(始)相之。黃帝又(有)子曰寺〓蚘〓(蚩尤，蚩尤)既長成【九八】人，乃乍(作)爲五〓兵〓(五兵。五兵)既成，既磨(礦)，既礪，既敓(銳)，乃爲長兵𥎦(短)兵，乃爲右(左)睘(營)右睘(營)。覍(變)指(詣)進退，乃爲虐(號)攷(𢦏)：【九九】埶(設)錐(錐)爲盍(合)，虐(號)曰武戳(散)；埶(設)枋(方)爲尚(常)，虐(號)曰武壯；埶(設)員(圓)爲謹，虐(號)曰昜(陽)先。牆(將)以正（征）黃帝，逆㷉（氣）乃章（彰），云（雲）覔（霓）亞（從）牂（將），【一〇〇】□色長亢，五色焚〓（紛紛），海霿（霧）大盲。百神虘（皆）瞿（懼），曰：吁！非尚（常）！肙〓（日月）童（動），軍（暈）耳（珥）閈（比），伓（背）矞（璚）鐮（遭），朿（次）隹（唯）巟（荒）。

黃帝大【一〇一】恖，偁（稱）讓（攘）以煮（圖），八幾（機）惴（端）乍（作），黃帝悎（告）永（祥），乃命四尤均（徇）于右（左）右上下侌（陰）昜（陽）。四尤曰：吁！寺（蚩）蚘（尤）乍（作）兵，乃【一〇二】□□。黃帝乃命四尤〓（尤戡）之，四尤乃豉（屬），四巟（荒）、四桓（柱）、四唯（維）、羣示（祇）、萬兒（貌）皆豉（屬），羣永（祥）乃亡，百神則寍（寧）。【一〇三】

黃帝大恖，天則卲（昭）盟（明）。黃帝乃備（服）攴（弁），迪（陳）兩參，遉（傳）五芜，丮瀝（礪）武，女（焉）右（左）執黃戊（鉞），右杭（麾）兆（旐），虐（呼）【一〇四】□□□□□□曰：寺（時）女（汝）高畏，寺（時）女（汝）畏溥，寺（時）女（汝）四巟（荒）。砅（礫）丨（撼）寺（蚩）蚘（尤），乍（作）數（遏）五兵，帛（肆）起（越）高鬼（畏），丨（撼）正（征）【一〇五】且（阻）黃（橫）。敔（圉）女（汝）水㚔（梏），乃隼（準）于方，武乃図（攝）韋（威），四巟（荒）□□□〔纆〕，墨砼開配酒（將），天之五㠭（瑞）廼上，枼（世）萬【一〇六】迎（留）尚（常）。帛（肆）虐（號）廼旨（詣），大遺寺（蚩）蚘（尤），四巟（荒）乃忢（愛）。黃帝乃具五羛（犧）五勿（物）、五器五勿（物）、五敝（幣）五勿（物）、五亯（享）五勿（物），【一〇七】以㝉（賓）于六𠂤（合）。亓（其）黃義（犧）之指（脂），是爲韋（威）耑（瑞），亓（其）丹帛之㡀（幣），是爲墨（皃）耑（瑞），枼（世）萬以爲尚（常）。

黃帝乃命萬兒（貌）女（焉）【一〇八】㠯（始）祀高畏〔〓〕（畏、畏）溥、四巟（荒），女（焉）㠯（始）配帝身。黃帝女（焉）㠯（始）朙（又）祝，頁（首）曰寺（時）。黃帝既殺寺（蚩）蚘（尤），乃向（饗）寺（蚩）蚘（尤）之䑋（身），女（焉）㠯（始）爲【一〇九】五笀（芒）。以亓（其）䫉（髮）爲韭，以亓（其）穠（眉）須（鬚）爲䒥，以亓（其）目爲𦬁（菊），以亓（其）鼻爲蔥，以亓（其）口爲䓊，以亓（其）亦（腋）毛爲莤（薺），以亓（其）從【一一〇】爲萯。以亓（其）胷（骸）爲干侯朋（股），以亓（其）辟（臂）爲槖（桴），以亓（其）肛（胸）爲鼓（鼓），以亓（其）耳爲卲安。凡（凡）亓（其）身爲天畏异（忌），凡（凡）亓（其）志【一一一】爲天下憙（喜）。

夫是古（故）凡（凡）侯王亲〈新（親）〉自衒（率）帀（師）攻邦回（圍）邑，㢠（展）卜五義（犧）五勿（物），五器五勿（物），五㡀（幣）五勿（物），五亯（享）五勿（物）于【一一二】……【一一三】……【一一四】建配皇，羛（犧）龠（用）㡀（幣）帛，賓于四巟（荒）。四尤司兵，珪（圭）辟（璧）璜琥，迪（陳）玉埶（設）璋，走叏（御）珞現，祝宗虐（號）丮，図（攝）韋（威）于四【一一五】巟（荒）。四尤敓（說）祀，石建辡（辨）盟（明），永㠯（始）先古，弄（奉）神后皇。走叏（御）晉告，虐（號）曰武壯，雁（應）曰正横（匡），丮曰系（奚）堂（尚）。乍（措）䶒（牙）【一一六】奮（奮）眉（指），虐（號）㢊（唱）：大盟（明）豐（彌）巨，匡廢図（攝）韋（威），陸畢均，秉句羊。纏（張）攺（施）大唇（振），右（左）匧（距）右匧（距），右（左）䶒（牙）右䶒（牙），右（左）弗（弼）右【一一七】弗（弼），進退以我，右（左）睘（營）母（毋）化（過），右睘（營）

母（毋）化（過），走晉隹（唯）加。三蜀（曲）三訶（歌），戠（散）軍之義（儀）。蜀（曲）曰《武壯》，后訶（歌）曰：「卲〓（昭昭）大〓盟〓（大明，大明）行【一一八】豊（禮），女（如）日之不死。」蜀（曲）曰《正桂（匡）》，后訶（歌）曰：「卲〓（昭昭）系〓盟〓（奚明，奚明）行義，女（如）月之不尿（徙）。」蜀（曲）曰《系（奚）尚》，后訶（歌）曰：「昬〓（振振）尚攺（施），戠（散）【一一九】民女（如）寺（時），盍（合）民女（如）寺（時），戠（散）則㘫（攝），遺則盍（合）。」

天五絽（紀），墬（地）五尚（常），神五寺（時）。天之五正，且𦹯（蔽）比紿（治）咠（輯），五新（親）五【一二〇】槵（德），天下之算。邦經〈經〉家禾（和），𧗿（衛）勿六官六寶（府）、五𡎺（刑）五音。行之聿（律）：豊（禮）、義、㤅（愛）、㤅（仁）、中，㤅（信）、善、永、貞（正）、良，盟（明）、【一二一】攷（巧）、敚（美）、又（有）加（力）、果，文、惠、武三悳（德）以㙛（敷）天下。

后曰：訐[〓]（信，信）者行〓豊〓（行禮，行禮）者𣏌（必）盟（明）。后曰：善〓（善，善）者行〓義〓（行義，行義）者𣏌（必）攷（巧）。后曰：【一二二】義〈羕（永）〉〓（永，永）者行〓㤅〓（行愛，行愛）者𣏌（必）敚（美）。后曰：貞〓（正，正）者行〓㤅〓（行仁，行仁）者𣏌（必）又（有）力。后曰：良〓（良，良）者行〓中〓（行中，行中）者𣏌（必）果。夫是古（故）后參五（伍）慮【一二三】事，盟（明）以事，攷（巧）以煮（圖），敚（美）以出，力以固，果中厇（度）。夫是古（故）后喬（規）巨（矩）五厇（度），道事又（有）古，言豊（禮）母（毋）沽，言義母（毋）逆，【一二四】言㤅（愛）母（毋）剸（專），言㤅（仁）母（毋）愳（懼）。四逬（徵）既禾（和），中以旨（稽）厇（度）。

天之正曰盟（明）見（視），人之悳（德）曰罙（深）思，行之聿（律）曰還（遠）慮，采（由）喬（規）【一二五】正巨（矩）豙（遂）厇（度）。夫是古（故）后凸（凡）百记（起）事，爰（援）古以煮（圖），母（毋）攷（巧）而亡（無）古，母（毋）戠（察）而不盟（明），母（毋）曼（文）而亡（無）璋（章），母（毋）道而不行。【一二六】夫是古（故）后言天又（有）㤅（仁），言神又（有）階（慎），言墬（地）又（有）利，言事又（有）寺（時），言型（刑）又（有）青（情），言悳（德）又（有）則，言古又（有）巨（矩）。天下之成【一二七】人，參五（伍）才（在）身，喬（規）巨（矩）五厇（度），執耑（瑞）采（由）訐（信），𡎺（刑）罰以攺（啟）朁（僭）行。墬（地）共（恭）天，𤼲（發）至五寺（時）。神事（使）人，畜（文）𡎺（型）曰古，【一二八】畜（文）命曰爯（稱），陛（地）孛（穀）曰寺（時）。𡕊（崇）貴立䟶（賤），勿備（服）又（有）羿（旗），六官六寶（府），民之谷（裕）財，衰殺盟（明）豊（禮），道義思（使）逨（來）。【一二九】㤅（愛）中才（在）上，民禾（和）不㤅（疑），光忩（裕）行中，隹（唯）后之臨。【一三〇】

一【一】 二【二】 三【三】 四【四】 五【五】 六【六】 七【七】 八【八】 九【九】 十【一〇】 十一【一一】 十二【一二】

十三【一三】 ［十四］【一四】 ［十五］【一五】 十六【一六】 十七【一七】 十八【一八】 十九【一九】 廿【二〇】 廿一【二一】

［廿二］【二二】 廿三【二三】 ［廿四］【二四】 廿五【二五】 廿六【二六】 廿七【二七】 廿八【二八】 廿九【二九】 卅【三〇】

卅一【三一】 卅二【三二】 卅三【三三】 卅四【三四】 卅五【三五】 卅六【三六】 卅七【三七】 卅八【三八】 卅九【三九】
卌【四〇】 卌一【四一】 卌二【四二】 卌三【四三】 卌四【四四】 卌五【四五】 卌六【四六】 卌七【四七】 卌八【四八】
卌九【四九】 𠦃【五〇】 𠦃一【五一】 𠦃二【五二】 𠦃三【五三】 𠦃四【五四】 𠦃五【五五】 𠦃六【五六】 𠦃七【五七】
𠦃八【五八】 𠦃九【五九】 卒【六〇】 卒一【六一】 卒二【六二】 卒三【六三】 卒四【六四】 卒五【六五】 卒六【六六】
卒七【六七】 卒八【六八】 卒九【六九】 𠦄【七〇】 𠦄一【七一】 𠦄二【七二】 𠦄三【七三】 〔𠦄四〕【七四】 𠦄五【七五】
𠦄六【七六】 𠦄七【七七】 𠦄八【七八】 𠦄九【七九】 仐【八〇】 仐一【八一】 仐二【八二】 仐三【八三】 仐四【八四】
仐五【八五】 仐六【八六】 仐七【八七】 仐八【八八】 仐九【八九】 卆【九〇】 卆一【九一】 卆二【九二】 卆三【九三】
卆四【九四】 卆五【九五】 卆六【九六】 卆七【九七】 卆八【九八】 卆九【九九】 百【一〇〇】 〔百一〕【一〇一】 百二【一〇二】
百三【一〇三】 百四【一〇四】 百五【一〇五】 百六【一〇六】 百七【一〇七】 百八【一〇八】 百九【一〇九】 百十【一一〇】
百十一【一一一】 百十二【一一二】 〔百十三〕【一一三】 〔百十四〕【一一四】 百十五【一一五】 百十六【一一六】 百十七【一一七】
百十八【一一八】 百十九【一一九】 百廿【一二〇】 百廿一【一二一】 百廿二【一二二】 百廿四【一二三】 百廿五【一二四】
百廿六【一二五】 百廿七【一二六】 百廿八【一二七】 百廿九【一二八】 百卅【一二九】 百卅一【一三〇】

參不韋

【釋 文】

參不韋曰：攼（啟），隹（唯）昔方有洪（洪），不甬（用）五剭（則），不行五行，不耶（聽）五音，不章五色，【一】［不］飤（食）五未（味），以遳（洪）䖈（戲）自莧（讙）自𤔔（亂），用乍（作）亡（無）刑。帝監有洪（洪）之悳（德），反有洪（洪）之剭（則）。帝乃命【二】參不韋𨐍天之中，秉百神之幾（機），敿（播）𤉲（簡）百堇（艱），㝆（審）攴（乂）侌（陰）昜（陽），不吳（虞）隹（唯）訐（信），以定帝【三】之悳（德）。帝乃不吳（虞），隹（唯）參不韋。帝乃自爯（稱）自立（位），乃乍（作）五=刑=剭=（五刑則，五刑則）隹（唯）天之盟（明）悳（德）。帝【四】乃甬（用）五剭（則）隹（唯）爯（稱），行五行隹（唯）訓（順），耶（聽）五音隹（唯）均，㬎（顯）五色隹（唯）𤆍（文），飤（食）五未（味）隹（唯）和，以𢼄（抑）有【五】洪（洪）。參不韋乃受（授）攼（啟）天之五刑剭（則），秉章剭（則）、秉剭（則）、不秉則、秉𤔔（亂）剭（則）、秉𠒣剭（則），隹（唯）五悳（德）之【六】爯（稱）。

參不韋曰：攼（啟），五剭（則）：乃以立𦘔（建）句（后）、大放、七𢍁（承）、百有司、𦹻（萬）民，及（及）事（士）、司𡧨（寇）。𦘔（建）句（后）叢（總）五【七】刑剭（則），秉中不𤇾（營），隹（唯）固不犀（遲）。事（士）攸（修）邦之𡧨（寇）佻（盜），相𤔔（亂）不周，𡗜（妖）甬（用）𧧓（誣）言，【八】𡗜（妖）𤔔（亂）之欽（禁）。司𡧨（寇）攸（修）𧖴（殘）則（賊）殺伐，𢦏（仇）戳（讎）𦣻（間）偞（諜）及（及）水火。隹（唯）爯（稱）。

五行：攼（啟），乃【九】以立司攻（工）、司馬、陞（徵）徒。司攻（工）政（正）𦹻（萬）民，乃攸（修）邦內之經緯𨟻（城）𩫏（郭），𣿉（濬）虛（污）行【一〇】水，及（及）四蒿（郊）之𨑓豙（稼）𥢋（穡）。司馬𡑞（展）𠩺（甲）兵戎事，攸（修）四𡉚（封）之內經〈經〉緯述（術）迻（路），還【一一】𡉚（封）疆豙（稼）𥢋（穡）。陞（徵）徒政（正）四蒿（郊）之閜（閉）及（及）徒戎。隹（唯）訓（順）。

五音：攼（啟），乃以立祝、事（史）、帀（師）。祝乃攸（修）【一二】宗𡨦（廟）𢑴（彝）𡔷（器），典祭祀義（犧）牲，及（及）百𤕥（執）事之敬。事（史）乃定𢦏（歲）之𡖊（春）昧（秋）各（冬）𥂴（夏），𤼽（發）𣌜（晦）朔，【一三】秉𢑕（法）剭（則）義（儀）豊（禮），典卜箬（筮）以行𢦏

（歲）事与（與）邦达。帀（師）旱〈暴（表）〉恩（則）定句（后）之悳（德），典尚音古【一四】筆（律）毋經（淫），以与（與）祝、事（史）朼（比）均。隹（唯）均。

五色：攷（啟），乃以立宰、攻（工）、賈。宰典句（后）之豙（家）配，四方【一五】之述（遂）。攻（工）朼（比）五色以爲曼（文），安宅（宅）丞（及）戎事。賈攸（修）坊（市）儥賈（價）□……【一六】朋。隹（唯）曼（文）。

五未（味）：攷（啟），乃以爯（稱）五恩（則）、五行、五音、五色之上下大少（小），以【一七】班爲之贎（斟）民（彌）涅（盈），有量有算。隹（唯）和。

攷（啟），乃恩（則）見（視）隹（唯）盟（明），乃耶（聽）隹（唯）皇，乃言隹（唯）【一八】章。乃秉恩（則）不韋（違），共不犀（遲），走趣（趨）以畿（幾）。骨桼（節）隹（唯）觰（諧），參（三）末隹（唯）齊，異=（翼翼）鼎=（祇祇），天之【一九】命是㣼（依）。攷（啟），亓（其）才（在）天恩（則），天乃敘之不韋（違），保〈戻（尸）〉壹璋（章）之，司畿（幾）昜（揚）之，不韋洋（將）之。【二〇】攷（啟），乃一末亓（其）戠（識）—（章），二末同達於四方，三末辞（嗣）逡（後）亓（其）長。攷（啟），乃圊（圖）【二一】亓（其）達，乃事亓（其）有豐（發），乃惪（憂）亓（其）斐（廢）。隹（唯）皮（彼）不宜，唯（雖）山，攷（啟），乃朋（崩）之，唯（雖）【二二】睪（澤），朕（騰）之，戎庶克之，佻（盜）戔（殘）旻（得）之。攷（啟），不韋（違）盟（明）悳（德），天弗乍（作）夭（妖）【二三】羊（祥）兇則。

參不韋曰：攷（啟），天恩（則）不遠，才（在）乃身。五恩（則）曰中，五【二四】行曰放，五音曰從，五色曰奐（衡），五未（味）曰圇（藏）。攷（啟），乃龍盟（明）【二五】自爯（稱）自立（位），進逡〈退〉右（左）右付（俯）卬（仰），乃還繞（遍）乃桼（節），以乍（作）刑［恩（則）］。【二六】攷（啟），五刑恩=（則：則）五桼（節），爲廿有五刑=（刑；刑）五逗（屬），爲百有廿五罰（罰）。

參【二七】不韋曰：攷（啟），自乃頭（頂）以丞（及）乃末指，乃百有廿有五桼（節），隹（唯）【二八】天之刑則，以丞（及）乃百有廿有五事。攷（啟），乃与（與）百有廿【二九】有五刑觰（諧）還。

攷（啟），乃秉民之中，以㝵（詰）不宜、剸（專）忘（妄），罰（罰）不【三〇】周。乃藿（勸）秉恩（則），思（使）毋隆（墮），罰（罰）兇恩（則），思（使）毋綎（盈），思（使）臺（萬）民毋亜（懈）【三一】弗敬，亜（懈）乃罰（罰）。

參不韋曰：攷（啟），乃監天罰（罰），日月之亜（懈），日月【三二】受央（殃）。攷（啟），而不䎽（聞）天之司馬豐留（隆）之畇（徇）於幾之昜（陽），罰（罰）百神、山【三三】川、溪（溪）浴（谷）、百茻（草）木之不周。攷（啟），而不䎽（聞）而先且（祖）白（伯）鯀不巳（已）帝命，【三四】而不瘂（葬）。攷（啟），而見（視）而丂（考）父白（伯）垦（禹）象帝命，而圝（緘）才（在）韔商。攷（啟），不見皮（彼）【三五】山之朋（崩），土之登，高離（岸）爲崩（淵），深（深）崩（淵）爲陵。

參不韋曰：攸（啟），象天恳（則）【三六】以乍（作）刑，以開（辟）夭（妖）羊（祥）兇才（災）。攸（啟），高下西東南北墊（險）埸（易），向有利宜，【三七】勿（物）有亓（其）恳（則），天亡（無）尚（常）刑＝（刑，刑）或弫（剛）或柔（柔），或桯〈桱（輕）〉或冢（重），或緩或亟（急）。攸（啟），【三八】乃爯（稱）而邑丞（及）而豙（家），以乍（作）刑恳（則）。

參不韋曰：攸（啟），民秉兇𤔔（亂）之恳（則），【三九】攸（啟），乃弗迭（速）罰（罰），亓（其）才（在）天恳（則），是胃（謂）𢇁（絕）行。攸（啟），桼（節）恳（則）五陞（徵），刑罰（罰）五【四〇】陞（徵），才（在）恳（則）是胃（謂）兵〈戒〉民，才（在）悳（德）是胃（謂）𡥈（教）眾。攸（啟），爯（稱）罰（罰）毋桯（枉），隹（唯）刑隹（唯）【四一】川（順）才（在）天恳（則）。風雨寒㬐（暑）夭（妖）羊（祥）才（災）罰（罰）吉兇，隹（唯）乃刑恳（則）是依。

參【四二】不韋曰：攸（啟），乃蠆（萬）民象上帝之恳（則）日，秉日月之幾（機）輅（略），以還於亓（其）【四三】恳（則），幾（機）迭（速）女（如）湄〈沖（電）〉，神迭（速）女（如）𡕒（化）。攸（啟），毋吳（虞）共（恭）客（恪），監天之幾（機）輅（略）。攸（啟），秉晨（辰）【四四】之四正，民（彌）浧（盈）以成𢦏（歲），朞（期）乃或迡（起）。攸（啟），昌＝（日月）星晨（辰），不韋（違）有成，民秉兇【四五】𤔔（亂）之恳＝（則，則）亡（無）成。攸（啟），乃吳（虞）曰：天央（殃）不至，以自弇（掩）盍（蓋）、自𡆧（橐）匿。攸（啟），乃【四六】宔（主）隹（唯）土，乃𡰥（尸）隹（唯）壴，弗乇（橐）弗匿，敽（播）𥳑（簡）乃化（過）而𦋬（黽）之。乃上隹（唯）天，司幾監【四七】敉（乂），民（彌）浧（盈）而泩（省）之。司中䚉（視）中罰（罰），司命受罰（罰）命，乃而先且（祖）、王父＝（父、父）敎（執）【四八】亓（其）盛（成）。

參不韋曰：攸（啟），乃𤔔（亂）天之刑恳（則），參（三）末不齊。攸（啟），天監隹（唯）【四九】盟（明），隹（唯）天之蘖（孽）羊（祥），天乃乍（作）之，或恳（則）夭（妖）羊（祥）慼（戚）惪（憂）兇才（災）。攸（啟），乃尚（當）亓（其）桼（節）之【五〇】化（過）而罰（罰）之，同行同桼（節），下桼（節）丞（及）上＝桼＝（上節，上節）丞（及）下桼（節），同恙（祥）異罰＝（罰，罰）或少（小）或【五一】大，或緩或亟（急）。攸（啟），句（后）不秉悳（德），罰（罰）不可弇（掩）也。

參不韋曰：攸（啟），秉恳（則）弄（奉）【五二】天之夭（妖）羊（祥）兇央（殃），攸（啟），女（如）內女（如）外，尚（當）亓（其）桼（節）之方，乃乍（作）刑恳（則）。才（在）天恳（則）是【五三】胃（謂）易毀（讓），還羊（祥）弗尚（當）。秉恳（則）從天之兇央（殃）夭（妖）羊（祥），逡（後）乃有慶。攸（啟），不【五四】秉恳（則）弄（奉）天之夭（妖）羊（祥）兇𡗜（殃），攸（啟），天之羊（祥）罰（罰），五勿（物）五乍（作）。攸（啟），卸（御）乖乃有內惪（憂），【五五】御□列（癘）乃𡷞（喪）朋，睪（澤）田御水乃水䨮（旱），陵田御䨮（旱）乃遺（潰），御外𡨦（寇）乃【五六】逩（削）玤（封）疆，御𤔔（亂）乃茖（落）。攸（啟），桼（節）罰（罰）五乍（作），民刑五亡（無）乍（作）。不秉恳（則）從天【五七】之夭（妖）羊（祥）兇央（殃），逡（後）乃亡（無）乍（作）罰（罰）。

攺(敐)乃州(疇)旨(咨)曰：參不韋，乃象天之刑𢝊(則)，秉【五八】民之中，民葴(穖)多𢝊(則)兇比𤔲(亂)，不以亓(其)請(情)，乃忈(恐)不旻(得)亓(其)中。

參不韋曰：【五九】攺(敐)，乃不逆天之命，秉天之章悳(德)。攺(敐)，蠆(萬)民唯(雖)自弇(掩)盍(蓋)，自宦(槖)匿，攺(敐)，【六〇】乃朼(必)旻(得)亓(其)中，用章乃剌(烈)。攺(敐)，女(汝)乃逆天之命，𤔲(亂)兇丮(懈)，不用天𢝊(則)，蠆(萬)民【六一】隹(唯)自𢿌(播)自䓔(簡)，以請(情)告，攺(敐)，乃弗訐(信)，用不旻(得)亓(其)中，乃弄(奉)不刑不由〈古(辜)〉。攺(敐)，罰(罰)亓(其)【六二】不胄〈盲(辜)〉乃茖(落)，胄〈盲(辜)〉而不罰(罰)乃朋(崩)。攺(敐)，乃秉民之幾(機)輅(略)，隹(唯)女(汝)中，天𢝊(則)隹(唯)【六三】長，隹(唯)夂(終)不夂(終)，隹(唯)乃攺(敐)。

參不韋曰：攺(敐)，秉悳(德)毋比，悳(德)巳(似)山，女(汝)乃㟁(淵)，毋自亭(高)【六四】也。悳(德)巳(似)㟁(淵)，女(汝)乃山，毋自𡫼(湮)也。爯(稱)以五悳(德)，和以五味，民以㞷(匡)以自定【六五】也。

參不韋曰：攺(敐)，㝃(勉)悳(德)、㝃(勉)宜(義)、㝃(勉)灋(法)、㝃(勉)長、㝃(勉)固，是胃(謂)內基。㝃(勉)耶(聖)、【六六】㝃(勉)惠、㝃(勉)弳(剛)、㝃(勉)𢘊(柔)、㝃(勉)和，是胃(謂)外基。

參不韋曰：攺(敐)，剴(愷)浧(盈)、剴(愷)旻(得)、剴(愷)䝾(富)、剴(愷)【六七】大、剴(愷)達而不宜，是胃(謂)內副。剴(愷)劇(戲)、剴(愷)溢、剴(愷)芋(華)、剴(愷)上、剴(愷)蜀(獨)，是胃(謂)外【六八】副。

參不韋曰：攺(敐)，不可上也而上之，是胃(謂)內朋(崩)。不可下也而下之，是胃(謂)【六九】外朋(崩)。

參不韋曰：攺(敐)，不可豩(邇)也而豩(邇)之，是胃(謂)內罰(罰)。不可遠也而遠之，是胃(謂)外【七〇】罰(罰)。

攺(敐)，𥏼(知)亓(其)不宜也，以有恭(益)於亓(其)身而陞(徵)由之，是胃(謂)內㥑(憂)。𥏼(知)亓(其)宜【七一】也，以亡(無)恭(益)於亓(其)身而弗陞(徵)由，是胃(謂)外㥑(憂)。

攺(敐)，𥏼(知)亓(其)亡(無)辠(罪)，以劊〈割(害)〉於亓(其)【七二】身而罰(罰)之，是胃(謂)不古(辜)，內毀。𥏼(知)亓(其)有辠(罪)也，以有恭(益)於身而弗罰(罰)，【七三】是胃(謂)不刑，外毀。

攺(敐)，𥏼(知)亓(其)宜也，唯(雖)亡(無)恭(益)於身而曾(增)胄(由)之，是胃(謂)【七四】外苹(屏)。攺(敐)，𥏼(知)亓(其)不宜也，唯(雖)有恭(益)於亓(其)身而罰(罰)之，是敘(除)葴(穖)章盟(明)，【七五】才(在)罰(罰)弗尚(當)。

攺(敐)，內有𤔲(亂)悳(德)，是胃(謂)外藋(歡)。外有𤔲(亂)悳(德)，是胃(謂)內嚾(歡)。【七六】

參不韋曰：攺(敐)，閭(呂)頪(律)不旻(得)，厇(度)忨(願)不從，句(后)秉悳(德)，攺(敐)，毋自絀(黜)也。攺(敐)，乃曾(增)

【七七】定胄（由）宜，是胃（謂）外緩（援），以自達也。敂（啟），央（殃）疾慼（戚）悳（憂）亡斆（廢），句（后）秉悳（德），敂（啟），【七八】乃旨（稽）豊（鬭）罰（罰）殄（戮），是胃（謂）內叚（攘），以自敘也。

參不韋曰：敂（啟），天監乃悳（德），暴（表）【七九】乃恖（則），与（與）日月星層（辰）、風雨寒屠（暑）、才（災）疾吉兇膚（諧）還。

參不韋曰：敂（啟），盇（恪）【八〇】才（哉）毋亟（懈），毋吳（虞）唯訐（信）。敂（啟），乃秉天之五=刑=恖=（五刑則，五刑則）隹（唯）天之恙（祥）悳（德）。是胃（謂）㝃（寡）【八一】果眾，耑（短）乃長，唯天之不韋（違）。

參不韋曰：敂（啟），不秉悳（德），有兇才（災）慼悳（憂）【八二】亡斆（廢）。敂（啟），女（汝）聿（建）句（后），女（汝）大放。敂（啟），乃𢿌（播）䎽（聞）𡍜（禹）厇（宅），㞷（及）卜箁（筮）以參，乃悳（德）【八三】毋吳（虞）。乃告於而先高且（祖）之秉悳（德），㞷（及）乃啇（嫡）王父=（父、父）之秉宜（義）。乃【八四】告上監敃（乂），秉悳（德）司幾。乃告於下层（尸）㥁，秉宜（義）不愉（渝）。乃告於【八五】天之不韋，司中矢（側）昔（措）。

敂（啟），乃曼壇，乃告曰：有某=（某，某）隹（唯）乃某，敢【八六】哀兑（説）戔（截）命冊告，乃某重（主）先𥎦（知）味之故（苦）甘𩞁（酸）鹹（鹹）辛，乃𥎦（知）䍩（富）矢（仄）【八七】貧㝥（窶）袋（勞），乃𥎦（知）西東南北中，乃𥎦（知）媺（美）好亞（惡）猷（醜）佻（盜），乃𥎦（知）高下土【八八】之安不（否）。某隹（唯）自利自均（厚），用不行天恖（則）。某不甬（用）五恖（則），不行五【八九】行，不耶（聽）五音，不璋（章）五色，不和五跦（味）。乃見（視）不盟（明），乃耶（聽）不皇，【九〇】乃言不章。秉悳（德）叀（專）忘（妄），共不敱（皇），走趣（趨）不行。乃自縈（營）自旁（謗），㡭（徵）【九一】祀不章，𤔔（亂）天之紀統（綱），思（使）旾（春）昧（秋）咎（冬）虽（夏）寒屠（暑）亟（懈），不以亓（其）寺（時）行。下有【九二】宗=（虩虩），上有皇=（皇皇），隹（唯）乃某逆天之恖（則），侓（逢）天之央（殃）。隹（唯）乃某告化（過）告遊（失），從天【九三】之戾。天有盟（明）悳（德），某用敢告□卽求𨑨（復）𧶜（贖），自兵〈戒〉自新（慎）自㥁（質）。【九四】某有某□句（后）乃與某，自□□𨖖（往）𨖬（來）日之逡（後），某所敢不昊（黽）免（勉）【九五】浩（措）乃心𦢊（腹）㞷（及）乃四僼（體），勿盍（蓋）勿匿，以共攸（修）某邦之社稷（稷），㞷（及）上【九六】下、外內、大少（小）。乃某邦之聿（建）句（后）、大放、七廾（承）、百有司、𦮼（萬）民，爯（稱）某之【九七】［所］□辻。乃某所敢不章天之刑，盟（明）天之恖（則），甬（用）五悳（德）隹（唯）爯（稱），行五行【九八】隹（唯）川（順），耶（聽）五音隹（唯）均，害（顯）五色隹（唯）曼（文），飤（食）五跦（味）隹（唯）和。乃某之恖（則），見（視）【九九】隹（唯）盟（明），耶（聽）隹（唯）皇，言隹（唯）章。秉悳（德）不韋（違），共不层〈屖（遲）〉，徒（走）趣（趨）以幾，異=（翼翼）【一〇〇】𥏻=（祇祇），天之命是依。某不敢亟（懈），乃某亟（懈）而𤔔（亂）恖（則），㞷（及）乃𥾚（嗣）逡（後），自上【一〇一】泩（省）之，自下買（黽）之。

參不韋曰：攼（啟），女（如）有夭（妖）羊（祥）兇才（災），各爯（稱）乃立（位）【一〇二】乃告。七𢍏（承）乃告於上司幾、下𡰥（尸）壴，丞（及）而先高組（祖）、王父=（父、父）。百有司【一〇三】乃告於𡰥（尸）壴，丞（及）乃先高組（祖）、王父=（父、父）。𡐨（萬）民乃告於而先高組（祖），丞（及）而【一〇四】王父=（父、父）。

參不韋曰：攼（啟），句（后）秉悳（德），隹（唯）丞（及）上帝五差（佐），紀綂（綱）日月星唇（辰）、百【一〇五】神、山川、溪（溪）浴（谷），是胃（謂）章盟（明）。不秉悳（德），非亓（其）所丞（及）而丞（及）之，是胃（謂）趣（趨）禍【一〇六】逆（徵）央（殃）。攼（啟），与（與）不秉悳（德），逡（後）乃有央（殃）；亓（其）弗之与（與），逡（後）乃亡（無）央（殃）；亓（其）与（與）不秉悳（德），【一〇七】逡（後）而秉悳（德），天弗乍（作）羊（祥）。

攼（啟），既告，攼（啟），女（汝）聿（建）句（后）、大放，攼（啟），乃立於司中之【一〇八】壇，以乍（作）刑𠟭（則）。七𢍏（承）乃立於上司幾之壇，百有司乃立於保〈𡰥（尸）〉壴之【一〇九】壇，𡐨（萬）民乃立於而王父=（父、父）之立（位），以乍（作）刑𠟭（則）。

參不韋曰：攼（啟），隹（唯）昔方有【一一〇】洪（洪），溢戲（戲），高亓（其）有水，權亓（其）有中，曼（漫）逹（泆），乃𤔔（亂）紀綂（綱），莫訐（信）悳（德）。乃乍（作）悳（德）之五雚（權），【一一一】九雚（權）之參，以交天之不羊（祥）。

參不韋曰：攼（啟），□監（濫）天𠟭（則），毋亘（懈）弗敬，旾（春）昧（秋）【一一二】各（冬）虽（夏）寒𡱝（暑）不亘（懈）。攼（啟），不𠀡（丕）隹（唯）天之悳（德）。攼（啟），日月星唇（辰）、䨓（雷）霆、夭（妖）羊（祥）、風雨，不逹（失）【一一三】亓（其）寺（時）。攼（啟），不𠀡（丕）隹（唯）天之戔。啟，天則勿（物）各有尚（常），各有利。弖（剛）矛（柔）反易，緩亟（急）異章，乍（作）𢘓（柔）【一一四】而利者（諸）弖（剛），乍（作）弖（剛）而利者（諸）𢘓（柔）。攼（啟），隹（唯）天之宜乃不雚（權），攼（啟），亓（其）溢逹（泆）乃雚（權）。【一一五】

參不韋曰：攼（啟），毋甬（用）夭（妖）雚（權）以自樝（沮）。悳（德）之五雚（權），百神弗亯（享）。九雚（權）之參，淫【一一六】緬（湎）康（荒）則毀，𢽍（掘）浴（谷）甬（用）土大凥（居）則丘（咎），嫙（媱）嬟（娥）亡（無）眚（省），朋替（友）則內𢝊（憂），敀（迫）息（疾）辡（變）【一一七】則乖，𧆛（虐）不古（辜）不刑則烕（滅）光，宼（寇）佻（盜）戔（殘）賊殺伐則𢇍（絕）行，弖（剛）虎〈虐（虐）〉㪅（梗）【一一八】則㮈（恣），組（詐）考（巧）柔則惑，夭（妖）甬（用）𨻶（誣）言夭（妖）雚（權）則𤔔（亂）。

參不韋曰：攼（啟），【一一九】女（汝）不亙〈亟〉天之命，以從乃悳（德），隹（唯）天之不羊（祥）。攼（啟），乃自則【一二〇】乃身，弗可復（愎）庚（荒）。帝之命逆韋（違），命用不長。百神之兇㬎（顯），逡（後）釮（嗣）之【一二一】央（殃）。

參不韋曰：攼（啟），乃毋既□□緬（湎），雚（權）有亘（懈）悳（德），乃曰弗可逾（渝）𠰍（悔），以【一二二】須天之央（殃）。天之𥃲（明）悳（德），隹（唯）𢛳（造）天之命，逾（渝）𠰍（悔）歬（前）化（過），三受天央（殃）。龏𥃲（明）不【一二三】亘（懈），天弗乍（作）恙（祥）。【一二四】

一【一】 二【二】 三【三】 四【四】 五【五】 六【六】 七【七】 八【八】 九【九】 十【一〇】 十一【一一】 十二【一二】
十三【一三】 十四【一四】 十五【一五】 ［十六］【一六】 十七【一七】 十八【一八】 十九【一九】 二十【二〇】 二十一【二一】
二十二【二二】 二十三【二三】 二十四【二四】 二十五【二五】 二十六【二六】 二十七【二七】 二十八【二八】 二十九【二九】
三十【三〇】 三十一【三一】 三十二【三二】 三十三【三三】 三十四【三四】 三十五【三五】 三十六【三六】 三十七【三七】
三十八【三八】 三十九【三九】 四十【四〇】 四十一【四一】 四十二【四二】 四十三【四三】 四十四【四四】 四十五【四五】
四十六【四六】 四十七【四七】 四十八【四八】 四十九【四九】 五十【五〇】 五十一【五一】 五十二【五二】 五十三【五三】
五十四【五四】 五十五【五五】 五十六【五六】 五十七【五七】 五十八【五八】 五十九【五九】 六十【六〇】 六十一【六一】
六十二【六二】 六十三【六三】 六十四【六四】 六十五【六五】 六十六【六六】 六十七【六七】 六十八【六八】 六十九【六九】
七十【七〇】 七十一【七一】 七十二【七二】 七十三【七三】 七十四【七四】 七十五【七五】 七十六【七六】 七十七【七七】
七十八【七八】 七十九【七九】 八十【八〇】 八十一【八一】 八十二【八二】 八十三【八三】 八十四【八四】 八十四【八五】
八十五【八六】 八十六【八七】 八十七【八八】 八十八【八九】 八十九【九〇】 九十【九一】 九十一【九二】 九十二【九三】
九十三【九四】 九十四【九五】 九十五【九六】 九十六【九七】 九十七【九八】 九十八【九九】 九十九【一〇〇】 百【一〇一】
百一【一〇二】 百二【一〇三】 百三【一〇四】 百四【一〇五】 百五【一〇六】 百六【一〇七】 百七【一〇八】 百八【一〇九】
百九【一一〇】 百十【一一一】 百十一【一一二】 百十二【一一三】 百十三【一一四】 百十四【一一五】 百十五【一一六】
百十六【一一七】 百十七【一一八】 百十八【一一九】 百十九【一二〇】 百廿【一二一】 百廿一【一二二】 百廿二【一二三】
百廿三【一二四】

圖書在版編目（CIP）數據

清華大學藏戰國竹簡（拾—拾貳）文字編 ／ 黄德寬主編；賈連翔，沈建華編. -- 上海 : 中西書局，2024.
ISBN 978-7-5475-2326-1

Ⅰ. K877.54

中國國家版本館 CIP 數據核字第 2024970HV4 號

清華大學藏戰國竹簡（拾—拾貳）文字編

黄德寬　主編
賈連翔　沈建華　編

責任編輯　田　穎
責任印製　朱人傑
出版發行　上海世紀出版集團
　　　　　中西書局（www.zxpress.com.cn）
地　　址　上海市閔行區號景路一五九弄 B 座（郵政編碼：二〇一一〇一）
印　　刷　上海盛通時代印刷有限公司
開　　本　八八九 × 一一九四　十六開
印　　張　二十九・七五
版　　次　二〇二四年十二月第一版　二〇二四年十二月第一次印刷
書　　號　ISBN 978-7-5475-2326-1／K・481
定　　價　壹佰玖拾捌圓